T0129203

Johann Herolt OP (~1390-1468)

The Rose Garden

Sermons on the monastic virtues
by Johann Herolt OP (~1390-1468)

Transcribed and translated
by Ian D K Siggins

Order this book online at www.trafford.com
or email orders@trafford.com

Most Trafford titles are also available at major online book retailers.

Printed in the United States of America.

ISBN: 978-1-4669-6324-5 (sc)
ISBN: 978-1-4669-6322-1 (hc)
ISBN: 978-1-4669-6323-8 (e)

Library of Congress Control Number: 2012919032

Trafford rev. 10/10/2012

 www.trafford.com

North America & international
toll-free: 1 888 232 4444 (USA & Canada)
phone: 250 383 6864 ♦ fax: 812 355 4082

Contents

Foreword

Johann Herolt OP (~1390-1468), a Dominican friar of Nürnberg, was the most prolific sermonist of fifteenth century Europe, producing a huge and widely used library of model sermons and sermon materials under the penname '*Discipulus*'.[1]

Herolt served as lector and prior of the Dominican monastery in Nürnberg and vicar of the Dominican sister house, the *Katharinenkloster*. Nürnberg was then playing a seminal role in spreading the Observance, or strict return to the rule of St Dominic, throughout northern and eastern Europe. Herolt's colleague, Johann Nider, perhaps the most influential Dominican of his time, became prior of Nürnberg in 1427, and then vicar-general of all the Dominican reformed priories and monasteries in Germany in 1429.

In 1428, Nider renewed long efforts to reform the resistant sister house in Nürnberg. Nider succeeded in this task where previous priors had failed. In 1428 he recruited ten nuns from the reformed cloister at Schönensteinbach in Alsace, and appointed one of them, Gertrud Gwichtmacherin, as first prioress of the observance.[2] Eight of the 35 sisters already at St Katharine's chose to leave rather

---

[1]   For a full account of Herolt's sermons books, see Ian D K Siggins, *A Harvest of Medieval Preaching*. Xlibris 2009.

[2]   Walter Fries, "Kirche und Kloster zu St. Katharina in Nürnberg." *Mitteilungen des Vereins für Geschichte der Stadt Nürnberg* 25. Nürnberg: Schrag, 1924, 1 ff.

than submit to strict observance of the rule: those who remained undertook a reform which "rejuvenated both their religious life and their intellectual activity."[3] They also joined in the reform strategy: ten sisters were sent to reform the convent at Tulln in Austria in 1436, and in 1442-3 ten or eleven more went to reform the Pforzheim convent.

For nearly forty years, Johann Herolt was teacher, preacher, confessor, administrator, and advocate of the sisters of St Katharine's. While he was vicar and cursor of St Katharine's in 1436, he preached to the sisters a series of Advent, Christmas, and New Year sermons, using the imagery of an enclosed garden in which the rose tree of eternal wisdom grows—a garden surrounded by the wall of the fear of God, and entered by the strait gate of diligence. His heartfelt discourse was about the monastic virtues of humility, patience, and obedience.

A small bound handwritten record of these sermons was part of the growing library the sisters collected and catalogued. The library contained 370 codices including German bibles, psalters, gospel books and other biblical materials, tractates, lives of the saints, works of the German mystics, and Dominican and other sermons, including some by Nider, Gerhard Comitis, Hecht, and Herolt. The catalogue listed these sermons as *"gut predigt, die unser liber vater vicarius, Johannes Herolt, predigt, do er noch kursor was"*.[4]

The sermons were never published. It is Herolt's only work in the vernacular German, but it closely mirrors the style and content of his published sermon books in Latin, replete as they are with biblical and patristic citations, exemplary stories, and numbered lists, always with a clear pastoral purpose.

The manuscript is a partial reconstruction from verbatim notes of a series of Advent, Christmas and New Year sermons. While most of

---

[3]   William A. Hinnebusch, OP, *The History of the Dominican Order. Volume Two: Intellectual and Cultural Life to 1500*. Staten Island, NY: Alba House, 1973, 203

[4]   Nürnberg Stadtbibliothek, Cent. VII, 79, 2: E, XLV; M, XII; 0, XXIV

the manuscript is in a single hand, corrections, marginal additions, erasures, and occasional repetitions show that a number of nuns took part in its compilation. The result is in Herolt's authentic voice, and an invaluable addition not only to his corpus, but to our knowledge of the monastic values that drove the Dominican observance.

This booklet contains the first full transcript of the sermons, preceded by an English translation to which I have added subheadings.

I express my deep gratitude to the librarians at the Stadtbibliothek Nürnberg for allowing me to examine the book, and to my wife Mary-Ellen Miller for her constant support during the arduous but rewarding task of delving in Herolt's rose garden.

—Ian Siggins

The Rose Garden

Johannes Herolt OP
St Katherine's Cloister, Nürnberg, Advent-Christmas—
New Year 1436-37

"Rabi, ubi habitas?"[5] St John records these words for us right near the beginning of his gospel: the two disciples, Andrew and Simon Peter, ask our Lord this question. In the vernacular, what they asked was, "Master, where do you live?" Our Lord replied, "Come and see"—that is, "Come to the true wisdom and to a perfect life, and in this way I will live in *you*."

Our Lord has many dwelling places. Among them all, there are three in particular I shall mention:

First, he dwelt in his beloved mother's body, when the eternal Word became man.

In the second place, he dwells in all creatures, so that he inhabits them in their essence—otherwise, they would all be reduced to nothing in the twinkling of an eye.

In the third place, sometimes he dwells in the pious soul. It happens in this way: when the soul is decorated with virtues, he dwells in it with his grace. Virtue adorns the soul, and for this reason the eternal wisdom, the eternal Word with his grace, will gladly live in any soul that desires this adornment. But the *flesh* is so gross that the *soul* needs to have much virtue.

---

[5]   John 1:38

The garden of the virtues

T he eternal wisdom says, *"Veni in ortum meum, soror mea . . ."*— "Come into my garden, my sister, my spouse." [6]

I now intend to preach about the wonderfully pleasing rose garden the soul should cultivate, and how well prepared the garden should be so that the eternal wisdom would choose to dwell in it.

However, this garden in completely enclosed: it is described in the text as *"ortus conclusus"*.[7] So anyone who wants to go into this garden and cultivate it must yearn to reach true wisdom. Any person who wants to gain true wisdom and a virtuous life must achieve it with toil and through adversity.

If you really want to enter a delightful garden, you don't take any notice of the nettles and other weeds growing in front of the garden, and you don't let them drive you away, but you go through them all to get into the lovely garden, and to the noble plants and fragrant herbs that grow inside the garden. So it is for you spiritually: if you want to come to true wisdom and to a virtuous life, you must overcome every tribulation, and let no tribulation drive you away—a person *needs* tribulation.

---

[6]   Canticles 5:1
[7]   Canticles 4:12

1

The naturalists write that when the wind blows, trees bend and sway, but will bear far more fruit than if the wind had not blown. For the fact is that, from the trees' movement, the roots also move so that they draw fertility from the soil, and thus become far more fruitful. We should understand the wind spiritually as tribulation, since it makes you more fruitful in good works. In other words, God makes a person ready through grace, and the person overcomes tribulation with good, virtuous works.

But what helps us to do so? We read about a holy patriarch named Serenus:[8] a disciple came to him and asked, "How does it happen that someone *wants* to do something good, but doesn't do it. The patriarch replied, "The soul of man is not unwavering, and it faces many opposing sorrows". It is one's character to be changeable, so one should shield oneself against this instability.

Another old father named Isaac teaches us similarly. He says, "If you will enter a good life, it is necessary that constantly you strengthen your heart with the words with which we awaken with every day—'*Deus in adiutorium meum intende* . . . ('God come to my aid, Lord make haste to help me')".[9] You should do this in all your tasks, when you start and when you finish, and you should also say it when you lie down and when you rise, and you should do it when you go to sleep. If you do this, be sure that it will bring you very great benefit.

When you speak these words to God with great longing, you are yearning for help. You attain to humility when you humbly confess that you are capable of nothing in your own strength. For this reason, you should be aware of four things that will help you reach true wisdom and an authentic life (I shall mention these four things only briefly). The first is love—where love is, nothing is too difficult. The second is work—if a person works, he reaches a place he could not otherwise reach. The third is diligence. The fourth is eagerness.

---

[8] Possibly St Serenus ("the Gardener"), d. 307 AD

[9] John Cassian, quoting the Desert Father Abba Isaac, in turn quoting Psalm 69:2

Similarly, Aristotle teaches us that there are two steps by which we can attain to the virtues. He says that virtue consists in the mean. [10] That is, we must first act like the marksman who aims towards the target so that he comes closest to it of all. We should do the same, and with all diligence aim towards the bullseye of virtue. For too much is not virtue, too little is not virtue, but the mean is virtue—as you may observe in the virtue of temperance, for a person should eat or drink neither too much nor too little. And so it is with many other virtues as well.

Second, we should make a greater correction away from the side we are more inclined to. For instance, someone who is prone to gluttony should lean to the side of denying himself more meat, so that he may reach the mean of virtue with more agility.

A third thing is that you should guard against any pleasurable counter-attack, since that pleasure may be the source of sin for you.

Someone may ask *why* we are more inclined to evil works than good works. That happens when evil works have some desirable characteristic, whereas good works may have some bitterness attached to them, especially at the beginning.

This rose garden lies entirely on a high mountain. If we wish to rest within it, we must first endure very much, and many painful things must befall us. Our Lord was placed in a grave in a garden on the Mount of Olives, but first he had to suffer many things—he sweated bloody sweat, he was seized, bound, taken before judges, tormented, spat at, struck in the face, scourged, crowned, falsely condemned, led out wretchedly, and then crucified in a bitter death. And after that the Lord was entombed in the garden: it signifies the rest we shall find after our labour.

---

[10]   Aristotle, Nicomachian Ethics 2.6

The rose tree of eternal wisdom that grows in the garden

There are many things to say in praise of this garden and what grows within it.

An exceedingly beautiful rose tree grows in this garden. The rose tree represents our dear Lord himself, the eternal wisdom.

Many beautiful red roses grow on this rose tree—not roses that have fallen off, nor wild roses nor the bright poplar-roses, but beautiful big roses, and they give off a rich, pleasing scent. Lily of the valley also grows there, and blue and white lilies grow in it. Sage and rue also grow there, and many noble spices besides.

Now, what is this rose tree that grows in this lovely garden? It is patience, and patience springs from humility. There are six branches on this red rose tree. The first branch is obedience, the second is meekness, the third goodness, the fourth mercifulness, the fifth friendship, the sixth joy. On each bough sits a bird, and each bird sings its own distinctive song.

You find these six branches in the passion of Christ. For the first branch, obedience, his right hand was nailed fast. The second branch, meekness, is shown in the fact that he returned good for evil and forgave all his enemies. Third, he let his left hand be nailed—that is, that he will receive us in his goodness. Fourth, he let a crown of thorns be placed on his head, with which he assured us of his mercy. The fifth, he let a nail be driven through his two feet, to assure us of his friendliness. The sixth, he let his heart be opened—it shows his joy that he has liberated us from eternal death.

Let us now go into the garden to cultivate it.

The garden wall—the fear of God

First of all I begin to build the wall. The wall that surrounds the garden is the fear of God. Before we begin to cultivate this garden, we must first build a wall around the garden, and then plant noble herbs. If there is no wall around this garden, then wild beasts may rush in and trample the noble aromatic herbs.

The garden wall is godly fear, which is a gift and a virtue when it endures with hope, and is the beginning of all wisdom—as we may see from this example of an ancient father who taught a disciple of his how he should attain to godly fear and to all virtues.

> This patriarch was abbot over a large congregation. A youth came to him and asked to enter the order. He would not allow him. The youth did not give up, and begged him more and more. He refused him time and again, and subjected him to great humiliation by repeatedly leaving him lying outside the door. But the youth did not give up. And when the patriarch had tested him thoroughly, and had shown him great harshness with which he proved him rigorously, he conferred the order upon him.
>
> He said, "I didn't want to admit you. And the fact that it has been so bitter an experience to enter our company should be a strong motive for you to lead a devout and perfect life, and diligently perform good works, and allow no time to be lost. And consider that, if entering our

company has been so harsh for you, how much harsher still it must be for you if you will enter the company of all the angels and all the beloved saints in eternal life."

He went on: "I have still more to say to you. Now and from henceforth you must be dead to the world and to all worldly desire, and take upon yourself the cross of Christ. That is godly fear: if you bear it in your heart, then you esteem little this world's pleasure, for one who is being crucified values no pleasures. And if you bear this cross, then you bear Christ; but if you renounce this cross, then you renounce Christ. Your will is now bound, for one crucified may not do what he wishes.

"You must now consider that you are uniting your soul not to sleep or pleasure, but to suffering and tribulation. So you attain thereafter to peace of heart; from peace of heart you attain to contempt of this word's pleasure; from contempt of pleasure, humility comes to you; from humility comes the conquering of your own will; from this conquest comes a turning from sin; from this follows purity of heart. After purity of heart you come to perfection; after perfection you come to eternal life."

I hope you too will carefully study this holy patriarch's instruction, as he taught his disciple how he might attain a good life and how godly fear is the beginning of wisdom, if by doing so you progress to the many other virtues. (This example, too, has some relevance for the occasional member of a cloister—the more cloistered life has grown bitter for him, the more relevant it is, so that he may spend his time usefully and thankfully, practise many virtues, perform good works, and allow no time to be wasted.)

Virtue defined

Now you may say, "You are talking a lot about virtues. What *is* virtue?" and you may want to hear something about certain virtues in particular. There are the three godly virtues—faith, hope, and love—which I shall not talk about here; but I shall say something briefly about moral virtue in general.

All the good things a person does are all called moral virtues. Virtue is an ornament or the seemliness of a person's soul. If you have a decorous soul, that shows there is virtuous life in you.

Now that you know what virtue is, I shall begin to build the wall, which is the fear of God.

Six kinds of fear

What is fear? There are six kinds of fear.

The first is *natural* fear, when someone fears what befalls his existence. It is neither sin nor meritorious. Our Lord also experienced natural fear on the Mount of Olives when he prayed and quailed before martyrdom.

The second fear is called *human* fear, when someone fears that his temporal life will be taken from him, and he fears death more than God, with the result that he imagines Christian faith will be martyrdom, and he is not willing to undergo it, and will not turn from his way of life for fear he may lose it. This fear is mortal sin.

The third fear is called *worldly* fear, when a person places inordinate store by temporal possessions, and if he loses them, his fear is often greater than the trouble and toil he underwent to acquire them. This fear is either mortal or venial sin depending on how far one is guilty of it.

The fourth fear is called *servile* fear, which may be reprehensible in some respects but not in others. If someone serves God only for the purpose of avoiding eternal torment, this fear is not meritorious. But if he wants to make it meritorious, he must combine it with the righteousness of God, in a way that gives God thanks: "Dear Lord,

I will do this, or this, good work to praise you" and abandons his own path.

The fifth fear is called an *elevating* fear: it occupies a middle place between servile and filial fear, and it holds this middle place so that one may come to God through it.

The sixth fear is called *filial* fear, and is the best sort of fear. As a child will often draw no attention to a pain so its father will not get angry, so also a person should always set God before his eyes so that he fears, not so much the pain, as that God will be angered.

I turn now to this virtue in particular.

The breadth of the wall—five effects of godly fear

Filial fear is a virtue to be extolled and exalted and praised above many other virtues, because this virtue—the fact that we fear God—deserves praise before other virtues in five respects.

It will first be exalted and extolled above the other virtues because it brings and earns one the grace of God. As St Bernard puts it, there is no more potent way for a person to earn God's grace and to retain it than the fear of God.

Secondly, it brings God's grace in such a manner that a person is cleansed from his sins. For, Ecclesiasticus says, "The fear of the Lord drives out sin".[11]

In the third place, when a person is now cleansed, the effect is that his soul is illumined.

Fourthly, when in turn a person is illumed in his soul, the effect is to bring him wisdom, for the fear of the Lord brings him the wisdom to be alert to guard himself from sins.

---

[11]   Ecclus 1:27

In the fifth place, the effect of this wisdom is that a person protects himself and is on guard against future sins, since it is one's protector and guardian of virtue. Like a strong wall, the evil one cannot breach and assail it as before. Just as a strong wall around the garden means that swine cannot enter and gobble up the noble herbs and uproot the garden, so too a soul should be sturdy and solid in the fear of God so that it doesn't let trials overwhelm it.

These five buttresses comprise the thickness of the garden wall—five spans wide—and the garden's foundation.

The height of the wall—ten characteristics of godly fear

Next, this wall is built to be tall—as you will now hear, it is ten spans high.

The first span is that a person may now perform virtuous works. I shall establish for you from Scripture that this is true, for Scripture says that "whoever fears God will do good works".[12] No-one who fears God will neglect anything good.

Next, the second span this fear brings a person is hope, since hope and confidence in God's mercy follow from godly fear.

The third is that godly fear has or confers joy, for it is also written that whoever has the fear of God will have joy and hope at his last end.[13]

Fourthly, from this fear there now comes to a person a sweetness that flows from joy—the one always comes from the other. So Scripture says, "O Lord, how very great is the abundance of your sweetness which you have promised to those who fear you".[14]

---

[12]   Ecclus 15:1
[13]   Ecclus 2:19
[14]   Ps 30(31):20

The fifth span indicates strength—that is, one will be vigorous in good works. And that flows from the sweetness: one who now fears God will have confidence towards God.

The sixth is that a person gains obedience from it, since Scripture says, "He who fears God will keep his commandments".[15] Gregory: "One who is a God-fearer omits nothing in any respect of the things which are to be done."

Seventh, the next result of this obedience is that a person will be exalted above many others who do not possess the virtue of the fear of God. This truth may be confirmed from another passage of Scripture: "O how great is his skill who has wisdom", and further, "How great is he who has fear of God".[16]

The eighth is that it makes a person better before God than many others who do not fear him: it is written that "the man who fears God is better than a thousand others who do not fear God."

The ninth is that it grants a person God's benediction at his last end: it is written, "To every man who stands in the fear of God, God's blessing will be given him when his soul shall depart hence." [17]

Tenth, it makes a person blessed. Scripture says, "Blessed is the man who is fearful, but he who is hard of heart will fall into great harm".[18] Moreover, "Blessed is the man who has fear of God" and "Blessed is the soul that possesses the fear of God," and "Whoever fears God will be blessed". For a person who does not fear God does not have humility, or purity, or love, or obedience.

---

[15]   Ecclus 2:21
[16]   Ecclus 25:13
[17]   cf Ecclus 1:13
[18]   Proverbs 29:14

Johann Herolt OP

How to attain godly fear

Now you have heard about this virtue of godly fear, and about the wall—how broad and high and long it is. Next you will hear how you should attain this virtue, since you have heard so much about its nobility and praise.

First of all, Holy Scripture should draw you to the fact that we should fear God. It says, "You should fear the Lord your God." Thus Deuteronomy says, "You shall fear the Lord your God",[19] and in various other ways it is written in Scripture that we should fear God.

Secondly, you should be urged to fear God, first by the divine grace you possess; but if you do not yet have divine grace, you should acquire it by fearing God. St Paul says we can have nothing of ourselves,[20] for what do you have that you have not received from God?[21] Another thing that also should warn you about it is that we aren't certain whether our works are acceptable to God or not, and whether they are mixed or not, so that they please God. Gregory says, "Our works which we think entirely good and right sink before God."

Thirdly, we have no idea when our end will be. We are not sure whether we shall be buried in God's grace or in God's enmity, and justifiably, therefore, we should fear.

Fourthly, the justice of God should drive you to it. Look at Lucifer—how swiftly he fell from heaven! Look at the cities of Sodom and Gomorrah and the other cities that were destroyed on account of their sinful ways. For however merciful God certainly is, he never shows his mercy without also showing his justice with it.

---

[19]   Deuteronomy 6:13. 10:12 & 20 &c

[20]   1 Tim 6:7

[21]   1 Cor 4:7

12

The fifth thing that should impel you to it is the great anguish that ensues to a person on account of sins. For if you must suffer such great pain in purgatory on account of the least sin, oh how great then is the pain of hell which will be everlasting and never has an end? This should mean, too, that a person always has the fear of God before his eyes.

> We read an example of this in the Bible about a woman named Susanna.[22] She was rich and beautiful. Every day she went to a garden to anoint and refresh herself. Two judges observed this, and made up their minds also to go into the garden themselves; but since the gate was well guarded they should not have entered the garden. They approached her and asked unseemly things of her. Susanna groaned and said, "I have no way out. If I do your will, I fall into God's wrath. If I do not, I fall into your hands. It is better that I fall into your wrath than into the wrath of God." She brought to fear of God to the situation, and afterwards the two lost their lives while she lived out her life.

You have now heard how broad and high and thick the wall is. The wall must be this high and broad and thick, since we suffer so many trials from the body, the world, and the evil spirit.

---

[22]   Daniel 13

The garden gate—diligence

Next you will hear about the gate that leads into the garden—that is, the door in the wall. It is called *diligencia*, that is, diligence, since diligence arises from the fear of God. Now think about what diligence is.

There are various kinds of diligence:—diligence in doing evil works, and diligence in doing good works. The diligence a person devotes to evil works is pernicious, and takes various forms. The other kind of diligence is the one devotes to good works: it is laudable. No good work is perfected except by diligence, and therefore if one is to do a good work, it must be with diligence.

Four characteristics of diligence

What is this perfecting diligence called *diligencia*? See what a splendid thing, observe what a devout thing diligence is, that does what must be completed, attends to the work still be done, and is alert to when the work needs to be carried out with effort. Note these four short points about it.

The first is always to consider who it is for whom you are to do the work—that is, God. Second, you have thought about whether a work is bad or good. Third, you have thought about whether you are in mortal sin or everyday sin. Fourth, think about the time when you will have completed the work. If you do carry out the work in this fashion, you can be confident that your work is pleasing to God.

You have heard about the properties of diligence—the next issue is the various ways diligence (along with the fear of God) is praised and honoured.

First, diligence makes your work pleasing to God. This is the breadth and thickness of the gate, which is as thick as it is wide, and as wide as it is thick, since it is a strait gate—fat or large people cannot enter the garden. Who are the fat or large people? Those who satisfy their physical desires in all worldly things. But if you wish to get through this narrow gate, you have to be thin, cut down to size through genuine diligence. If we think of the image of an ashlar, which is square, this little gate is a foot thick and a foot wide. Our works that are done diligently are pleasing to God. God looks not at the work itself, but on the effort you put into it.

Deuteronomy says that you should well and diligently perform what is good;[23] and St Paul says, "I would rather speak five words with diligence and attentive reason than five thousand words with inattentive reason". [24] He means that it is better to do one little work with diligence than a great one without it. It is also written in Wisdom that the Spirit of God flees the thing that is without understanding—"without understanding" in the sense of someone who does something that is possibly sinful and his reason does not recognise or reject it; and then God's Spirit departs from him. Bernard says, "There are many who practise the service of God with the mouth, but the heart is somewhere off the mark or somewhere else." But in God's service, what the mouth says should be performed in the heart. Bernard says about this, "That mouth and its body will lie in the pain of hell."

Next, diligence is to be praised because it brings understanding. It brings a person to the point where he knows God and himself and

---

[23] Deut 6:7
[24] cf 1 Cor 14:19

the work that he does. Seneca also says of diligence that it illumines work like windows. (There is still more we can find in Scripture about how we should achieve diligence.)

The hinge of the gate—constancy

The next thing to consider is what the gate of diligence hangs from. It is firmly barred so that swine don't get into the garden and gobble up the noble spices that grow there. The hinge is *constantia*—namely, constancy and perseverance in good works until the end—which follows from diligence. One teacher says that no work can be called praiseworthy which does not possess constancy. That is the iron hinge on which the gate is hung.

The sentry at the gate—vigilance

In addition, the gate is not only strongly barred but also guarded by a sentry—that is, *vigilancia* (that one be alert). This also springs from diligence, as can be demonstrated from Scripture in various places. For take thought, you wretched man, lest you fall asleep and be found in your sins![25]

Now in this little gate in the wall there stands a stork, the sentry of the gate. It has the right attributes for the task. First, a stork is wide awake at night; it stands upright in case it hears something, because it is concerned for its young. If it hears something, then it cackles so that anyone can hear it is alert. Similarly, we too should take good care of the garden, so that the evil one does not come and deprive us of the noble roses. Accordingly, since we are protectors who experience temptations, we should stay upright like the stork and demonstrate that we are not asleep but awake and exercising good works.

---

[25] Possibly a reference to Mark 13:34-37 and other passages

Secondly, when even the tiniest worm enters its nest and gets on top of it, the stork's nature drives it to leave immediately. You should act in the same way. You should keep even the smallest worm out of the garden in the constancy of godly fear, and—like the stork—flee before everything noxious.

Thirdly, the stork is wont to live on top of men's houses, near people. You should act in the same manner. Live willingly among men, who gain a good model by your example and help, and how you master the evil serpent who comes into the garden.

If you want to guard this garden, you must be alert. There are some people one must smite hard because they are so firmly entrenched in their sins—but not those who are diligent.

How to attain diligence

The next thing is to explain how you may reach diligence. We learn how to become diligent from Holy Scripture. First, Deuteronomy says, "You shall look and see that you are very diligent and not forget your heart." [26] Secondly, if you will not fall into sin, Deuteronomy writes that you should be very diligent that you do not fall into default—that is, into a sinful life. [27] Third, Exodus says, "Offer your sacrifices with great diligence, and your offering should be pure and clear wine". [28] In the same way, when you work, your work should be unalloyed.

The heathen master, Cato, also admonishes us to diligence when he says, "You should do to all your works with diligence." Again, we may take an image from the irrational beasts, who diligently seek their food and provide for their young. So Seneca says, "A person should be ashamed to have less diligence than an unreasoning

---

[26] cf Deut 4:9. However, the letter *r* is written above the *z* in *herzen,* perhaps suggesting a reference to Deut 8:11

[27] cf Deut 23:22

[28] The reference is obscure, but may be extrapolated from Ex 22:29

beast".[29] We should rid ourselves of any lack of diligence, for when a person is diligent, he is not idle, and when he is idle, he is not diligent.

You have heard about the wall, and the gate that leads through the wall. Now that you have heard about diligence, listen to what is opposed to diligence.

First, there is an evil opposed to diligence, namely indolence: it makes our actions unclean and constrained. Such indolence causes a person very great harm. Esdras says, "You should look and understand that you cannot fulfil your work with idleness." St Paul also says, "Do not be slack in seeking the grace of God." Just as diligence brings grace, indolence loses grace. So Wisdom says, "He who grows weary of his journey and becomes idle will die on his journey." Numbers says, "Whenever you grow slack, you transgress and neglect the command of God." Here you have a series of warnings not to be idle.

We also read an example about it:

> A patriarch had spent a long time in the desert, and had long exercised himself in good works. As a result, he spared himself inwardly, and he thought it was appropriate that an angel was bringing him his food, since he thought he lived a life that was more angelic than human. Now God did not let him fall ill in any way, but every day sent him some bread, covered with shallot, which he found, ate, and enjoyed. However, from then on he did not have to be as conscientious about his own nourishment, with the result that he steadily became more and more sluggish about doing good works. Then unclean thoughts arose in him: though they often assailed him, long habit drove him instead to do good works some of the time. Eventually he came to the point where he let himself grow used to these thoughts, and became idle. Then he was sent a black loaf

---

29   Perhaps a reference to Seneca *On Anger*, I. iii. 3-7

of bread, and next day it was even blacker, and the third day it was all black and totally unpalatable. Yet because of the indolence he had allowed to develop he still did not recognise his sin, and instead he thought he would venture out into the world. So as he went, he happened (under God) to find himself in a wood, and met some other brothers who assumed he was a holy patriarch, and began to pray. They then gave him food, and afterwards asked him to tell them something from God. He taught them many excellent things about perfection; but inwardly he was castigating himself, and thought, "You wretch! You teach other people, and you yourself have strayed from the path of truth!" And he went back to his cell and began to weep, and would not leave off weeping until he was sure God had forgiven his sin. Then our Lord sent him an angel, who spoke in this way: "Since you have grown diligent again through the habit of good work, God has seen it, and has forgiven all your sin." That happened because of the diligence he applied.

The groundwork—humility

Y ou have heard that the garden gate is diligence. Since the wall and the gate in it are now prepared, we begin the first task—to form the groundwork, which is humility.

Five types of humility

What is humility? There are various kinds of humility.

The first is called *fictitious* humility: it presents itself as humble from the outside, but is not humble in the heart. It is said that outwards signs provide a basis for judging how a person is fashioned inwardly; but if you give out distorted signals about how you are inwardly, you are displaying false, blameworthy humility.

The second is called *genuine* humility, which is when a person really is in his heart as he shows outwardly. Matthew writes, "Learn from me, I am meek and humble of heart".[30]

The third is *perfect* humility, when a person submits himself to his superiors, but also submits himself to his equals, and even to those who are under him. Matthew writes, "So it behoves us to fulfil all

---

[30] Matt 11:29

righteousness",[31] that is, to fulfil humility. Christ had this humility perfectly.

Fourth, there is the further humility that consists in *profession*—that is, when a person accepts the profession, and believes the truth, and lets himself be taught when he is in error.

The fifth humility is a *longing*, affirming one's desire not to be ranked above others (in contrast, for instance, to someone who covets an honourable office).

What is humility? Augustine says it is recognition of one's own character and imperfection: one sees the perfection of his creator and Lord who created him, and willingly abases himself down to the ground. St Peter says, "You should make yourselves servant of all creatures." One finds this humility much written about in Holy Scripture. For instance, it says, "You should humble yourselves under the mighty hand of God." Abraham says, "What am I other than ash?" [32] Micah the prophet says, "Consider the middle." What is that 'middle'? It is the carcase of his nature that is full of filthiness, and made of ash and earth. We think of the perfection of God, and that too should draw us to humility. Bernard says, "Humility is a true confession that one despises and spurns oneself."

What, then, is the depth and breadth of the groundwork in this garden? It is the grace of God, which flows from humility, for humility is prepared to accept the divine grace. Humility is therefore to be praised and honoured. Where there is much soil, there is great fertility, and good fruit grows there. In the same way, humility brings God's grace.

---

[31]   Matt 3:15
[32]   Gen 18:27

The depth of the groundwork—twelve levels of humility

Next you should observe how deep this foundation is. It is as deep as it is wide. The groundwork is twelve spans deep, and the cultivators must plant their feet firmly on deep soil.

At each span and level of this virtue of humility, place a precious stone. There are twelve of them, as John describes.[33]

The first span and level in this groundwork is that we confess with both heart and mouth—that is, show humility in all our works. Thus Paul says, "Let us serve God with all humility." If you have this humility, you may achieve good works all the better. That is the lowest level, and when you reach this grade, you are still underground. This level may be likened to the precious stone called jasper. It has the property that when pregnant women keep it on them, they bear their fruit more easily. For when you have humility, you must perform good works all the more.

The second level is when one considers himself viler than many others. This level follows from the first (you must always climb from the first to the next level to get to the top of the soil). Now, someone might say, "How may someone regard himself as the worst of men?" The answer comes from our holy teacher St Thomas in 2/2 (and many other teachers): since all that man has is not his own, how can he esteem himself something? Further, someone can regard himself to be the vilest person, first when you recognise it is your own nature to be created out of nothing; second when you consider the hidden things in another person—you don't know how he is in himself, for he may have something good in him that you lack, and if today he is a mortal sinner, in the morning he may be righteous; third, it is possible for you to realise you are the vilest person as follows: if you hunger greatly for God, you thus acknowledge and judge that your own frailty is greater than the frailty of other people. (There are two or three other things I shall omit for now.)

---

[33] Apoc 21

You may now mark this level—and this virtue—with a second stone, called sapphire. It has the property that wherever it develops, gold is also likely to develop. This stone has the ability to illuminate one's understanding: this level also contains the rational understanding that will enlighten a person's soul. This level follows the first level—one level always leads on to the next, and we have to climb constantly until we come out on top of the ground.

The third level is for you to value as worthless what you do yourself. You can see how this third level may be compared to a third precious stone called chalcedony. It has the property that it is most likely to develop in places where it tends to rain. This level of humility similarly grows from divine grace. It says in Ecclesiasticus that you must be steadfastly humble if you want to reach this level.

The fourth level (or fourth span) of the groundwork is that a person acknowledge his frailty, and acknowledge it verbally. When someone rebukes you, you acknowledge and gladly accept it. This may be likened to a precious stone called an emerald, which has a strength it never loses (some stones lose their strength when you move them from where they developed), because it serves to drive the excess out of a person who carries it with him. This fourth level serves to take away one's fantasising and inordinacy, and that also leads to humility.

The fifth level is that you conquer your own will before your superiors, have no wish to fulfil your own will against God, and don't want to be above other people. This virtue is compared to the fifth gem, which is called sardonyx, which has the power to make a person charitable. So this virtue of humility also makes you charitable.

The sixth level, which you come to next, is obedience, which emerges from the fifth (the progression is always from one level to the next)—namely, you should overcome your own will. This level and this virtue is likened to the gem called sard.

We climb next to the seventh level, which is true patience—you bear gladly what is imposed on you and are patient in tribulation. As John writes, this level is compared to a precious stone called chrysolite, whose property is that it will set alight when you hold a lighted taper to it. Similarly, the person who has humility always accepts patiently whatever befalls him.

The eighth level follows—a level where you don't say many words, but if you do speak, it is circumspectly and judiciously, whereas the proud man speaks arrogantly out of a wish to be sought after. This level is likened to a gem called topaz: it has many powers, but one of them is to draw insanity out of a person. In like manner, this virtue of humility removes wrathfulness and negligence and other vices, and makes a person so that he is not frivolous or droll.

At the ninth level there is a precious stone called beryl, which has the power to make a person honourable. So this level deals with being honourable in conversation and conduct.

The tenth level then follows: you bring to completion the things you are responsible for and duty bound to do. This virtue is like a precious stone called chrysoprase, which has many good properties: if it is night, it gives a light clearer than day. In the kind of person who has this virtue, the light comes more from inside rather than from outside, since you are not prepared to accept expressions of praise.

Eleventh, humility embeds all that you are duty bound to maintain. As John writes, this virtue is likened to a gem, called jacinth—if you have it on you, it repels evil desire. Thus humility produces harmony in a person, so that you may go your way with all well being.

The twelfth level or span of this groundwork now follows from the eleventh: you have joy and love and desire to fulfil the things you are commanded, and are also willing to suffer at God's hand. This virtue is compared to the twelfth precious stone, called amethyst, which has the power (among many others) of making one brave.

Similarly, if you have humility, you are also accustomed to doing good happily, and stand ready to perform a good work.

If you have this virtue of humility within you in all these ways, and climb constantly from one level to the next (for one always springs from the other), this is how you come out on top of the ground.

There you have the height of the groundwork.

The breadth of the groundwork—twelve effects of humility

Now you will hear even more about humility—how in a twelve fold fashion it is praised even more above other virtues. This constitutes the breadth of the groundwork, which is as wide as it is high.

First, humility avoids praise as the merchant avoids the thief. It avoids praise as one avoids fire. Gregory writes: "There are many men who do not covet praise, yet if someone does praise them, they don't avoid it." So, to detect a humble man, watch whether he willingly accepts someone's praise of him, or whether he avoids praise. We should praise God, to whom praise belongs.

Secondly, it gains and achieves for a person that he is acknowledged by God. (This follows from the first, for one always follows from the other.) Thus the prophet David says, "God remembered us in our humility". [34]

Thirdly, it makes you pleasing to God our Lord. It is written, "My little tree gives a good perfume." So humility gives off a sweet perfume.

Fourth, it grants you that you will not be rejected by God. As I showed before from the prophet David, *memor fuit nostri in humilitate nostra*—"God remembered us in our humility".

---

[34] Ps 135 (136):23

Fifth, you are set free and preserved through humility. David says: "I am humble, therefore God has delivered me" [35] for God preserved him so that he was not killed by King Saul. Humility protects a person from much calamity.

Next, the sixth thing that comes to you from humility is that you are exalted. (That flows from the fifth quality that precedes it.) Thus Matthew's gospel says, "Whoever humbles himself will be exalted".[36] Jerome says this about a woman called Paula: "She humbled herself most severely, and the more she humbled herself, the more she was exalted." The prophet Job says that one's humility raises one high.[37]

Seventh, humility acts so that your prayer will be heard. The prophet David writes, "You have heeded the prayer of the humble, and you have not rejected us".[38] Ecclesiasticus says, "The prayer of the humble man pierces the clouds and ascends before God".[39]

Eighth, it brings you a life in awe. By it, a person learns to know God and himself, and thus is made aware of his own infirmity, so that humility leads to a life full of awe.

Ninth, it brings you blessedness. David writes, "You will bless the humble folk".[40]

Tenth, it brings you the divine foolishness. St Paul says, "We are regarded as fools for Christ's sake." A person may well be regarded as a fool for knowing that he will come before God.

> We can find an instance of this reality in one spiritual
> woman who ate whatever food people rinsed from their

---

[35] From 2 Sam 22:18 and Ps 141(142):7

[36] cf Matt 18:4

[37]) cf Job 5: 11—qui ponit humiles in sublime [Vulgate]

[38] cf Ps 10:17 and Ps 9:12

[39] Ecclus 35:21

[40] cf Ps 115:13

.plates: the others regarded her as a fool. It was revealed to a patriarch that he would receive the same reward as she would receive; so he came and made enquiries about her. This is how people found out she was a pious and blessed person.

Eleventh, humility brings security. Augustine says, "What is more secure than the ground? Humility thus gives a person great security, for he who is humble is not able to fall, any more than you can fall through the ground."

Twelfth, it brings one eternal glory. Job tells how the person who humbles himself here will come into the eternal glory.

You now have twelve respects in which humility is praised, and so you are aware how broad this groundwork is. Once it is clear what a noble virtue humility is, we should duly humble ourselves, as we are also admonished by Holy Scripture in Ecclesiasticus: "However great we are, we should humble ourselves."

We should also be prompted by the example of Christ, and Mary, and the dear saints. Bernard says, "How great is the wonder, how great is the shame, that we are puffed up when we have such a humble Lord." The example of Christ has now spread far and wide, for he was willing to be born in a poor stall, and he washed his disciples' feet. Put his whole life before you and you will find nothing but humility in his life. Look, too, at the mother of the Lord, how humble she became. As she said herself, "He has looked on the humility of his handmaid".[41]

I have also read an example about this in the books of the patriarchs. It was about a holy father named Panufius, who was entirely humble: it should draw you too to humility: [42]

---

[41] Luke 1:48
[42] Based on John Cassian, *Collationes III*

Panufius was a holy abbot. It seemed to him that he might not persevere in true humility because of the veneration shown to him; and wondered how he might retain his humility. He decided to leave the cloister, and set out. He put a secular cloak over his scapular, and went to a cloister where no-one knew him, and asked to be admitted to the order. They tested him for a long time, and later admitted him to the order, and assigned him very menial tasks, and also assigned him a garden where he had to cart manure and do much despised work, which he undertook with great joy, and did even more than he had to.

Now, his brothers were looking for him, and arrived at the cloister where he was now. They failed to recognise him from behind, but they did recognise his voice (though, just before, they had taken him for a common fellow). They argued with the other monks about it, who said he was simple-minded man, and a novice. They replied, "We know the person you are talking about is not a novice—he became abbot in our cloister!" Beforehand, their hearers had thought he was a common man. Then the brothers took him and led him back to their cloister, and offered him even greater honour than before.

It was painful to him that the devil had given him away for he blamed the devil for it), and he got up and left the cloister again, and came to the city where Christ was born. Again he entered a cloister, and again performed menial work. Then he thought, "It is God's will that I stay here," and his brothers abjured him as he wanted them to. So he spent the rest of his life in that cloister in true humility.

The stem of the rose bush—patience

You will hear next about the stem of the rose bush that grows in the garden. The stem of the rose bush is patience.

Five types of patience

There are various kinds of patience. The first is a patience of *insensitivity*. Consider this image: a peasant or a manual labourer is accustomed to getting coarse hands from his work, because he handles thorns and thistles and other rough objects; but if someone with soft hands were to do the same when he wasn't used to it, he might often draw blood. It is like a cook who is used to kneading hot dough backwards and forwards, and from it develops hard hands that are inured to heat; if a soft man should do it and is not used to it, he could get very badly burned. This sort of patience would not be called a virtue, nor is it meritorious, since both reason and will are directed to a meritorious purpose in the meritorious things a person does.

The second is called the patience of *imprudence* or lack of understanding—as often happens when someone ridicules another person, but he doesn't understand he is being mocked and puts up with it patiently. You may see this happen with a simpleton: people often mock and laugh at him, but he doesn't realise people are ridiculing him, and often laughs too; but that is not meritorious.

The third is called the patience of *fear*, as when a person bears something patiently out of fear—the fear that if he doesn't endure it, even greater suffering will befall him. For example, a beaten child often puts up with a beating patiently because he's frightened that, if he doesn't bear it patiently, the adult will beat him even more. This patience, too, is not meritorious, since it springs only from fear.

The fourth patience is called a patience of *habit*—such as a servant who has an irascible master who scolds and curses at him, but he has got used to him and takes no notice; but if anyone else were to do it to him, he would not tolerate it. That also is not meritorious, because it happens in the way I described before.

The fifth patience is *perfect* patience, and that *is* a virtue—first, one suffers willingly; secondly, it is a happy patience in that he rejoices in it; thirdly, he is thankful and thanks God for letting him suffer; fourthly, he has compassion for a person who treats him offensively; fifthly, he prays for him. That is the nature of a perfect virtue, and if you have it in you, you are perfected; but if you are only a beginner on this fifth variety, you are not wholly perfect.

Now you know the differences among the types of patience—next observe what patience is.

Augustine says patience is a virtue through which a person accepts good or bad fortune with the same or consistent equanimity, and through this virtue, he says, a person will not be shaken in adversity. Luke writes, *in patientia vestra possidebitis aminas vestras* ("In your patience possess your souls").[43] Patience is when a person accepts offence with a matching meekness and does not hate the one who hates him. Tully says that "patience is when a person willingly accepts an odious task, and perseveres under abuse."

How then does patience apply, especially to those things that are honourable and useful? Entrance to a Christian life is an honourable task, and it involves a communal life. We should yield ourselves in

---

[43]   Luke 21:19

patience and trouble for the sake of community. It is also often a person's duty to be patient—for instance in the tasks I just described. It is not always necessary to be outwardly patient, but inwardly one should be disposed to be patient.

The roots of the rose bush—seven effects and twelve praises of true patience

Now you have heard what patience is. Next, patience is praised and honoured above many of the other virtues. For this stem has many roots, spread widely, so the rose bush may stand even more firmly in the ground.

First, patience is to be praised and honoured in that it vanquishes all its enemies without any weapons or blows or strokes. Is it not a great thing that patience can do this, and can overcome its enemies without difficulty? In Proverbs says, "It is better to be a patient than a mighty man".[44] He can even overcome himself: man by nature has a fear of offence, and it is therefore a great virtue that he conquer himself. We read about a patriarch who, when a demoniac hit him on one cheek, turned the other cheek to him. The devil could not endure that and came out; and the devil said, "This patience has conquered me."

The second reason this virtue is praised and honoured above many other virtues is that it makes its enemy its servant, puts him to use, and turns him to the good. Proverbs says that "a fool is the servant of the wise man" [45] and the patient. Paul says to the Romans, "All things work together for good for the one who loves God" [46] St Thomas says, "A man cannot have patience unless he has divine grace"[47].

---

[44]   Proverbs 16:32
[45]   Proverbs 11:29
[46]   Romans 8:28
[47]   Thomas Aquinas, ST 2, 2 q 136:3

We read about St Vincent, the holy martyr, who said to Decius, "No-one has ever done me as great a service as you have done" in letting him be martyred so wretchedly in the fire.

Patience is also like fire: just as fire is harsh and sharp, so adversity is harsh and sharp. Fire, too, has several characteristics that patience also has: first, it makes some objects hard which afterwards become permanent by virtue of the fire—like a tile-stone which is soft at first, but becomes hard in the fire so that afterwards it will stay firm from its firing. So adversity makes a person unshakeable from then on, but it also releases him from the eternal pain. Second, fire illuminates darkness; so adversity illuminates and brings light into one's soul so that he may know himself. Third, fire softens some things that are hard—like iron, so that you can then use it as you like; so adversity makes a person's heart soft so that he suffers gladly for God.

Cassian writes an example of a devout woman—who rightly points us too to patience—who was seen by Bishop Athanasius in Alexandria. This devout woman came to the bishop and asked him to appoint a person who would teach her true patience, because she thought she could not achieve true patience on her own. Now, there were many widows supported by the common chest, and he told her to find the most senior and most tolerant of all among them. She served this woman with all patience, and the woman gave her all the tasks her husband might otherwise have done, and she performed it all patiently. Nevertheless, she felt she could not reach true patience with her, so she went back to the bishop, and asked him to give her someone who would teach her true patience.

The bishop then asked those he had ordered to assign someone to her why they had not done so. They answered, "We did, a long time ago." The bishop then understood her meaning for the first time (before he had not understood her properly), and ordered that she be given the angriest and most impatient widow who could be found; and this was done. Whatever she did now, she could not do right in the woman's eyes; she upbraided her, and was extremely irascible, and she could not earn any gratitude from her. When she saw that this was the case, she served this woman all the more vigorously. And she thought, "Now I've found what I looked for for so long!"

She went to the bishop, thanked him, and said, "You have given me someone who has taught me true patience, for whatever I did for her never pleased her." Now if that woman did that, how much more should we do, for we are just as much Christian people as she was. [48]

Now hear even more about patience. You have already heard that patience is like fire, and fire has some intrinsic characteristics that patience also has—first, it makes some things hard, second, that it enlightens what is dark; third, that it softens some hard things such as iron. You have already heard about these three characteristics—now to a fourth. It separates the evil from the good, for instance dross from gold and rust from iron. Is it not so with patience, which purifies you from sin? Is it any different when one suffers patiently? Cyprian says, "Suffering has taken everything from me—my temporal good, and my negligence."

In the fifth place, fire prepares food. Similarly, adversity prepares the soul for divine love. A fat fowl is better to roast than a thin one, it browns easily, and you must have divine love in you if you want to be well prepared.

Sixth, one characteristic of fire is that it tests things like gold to see if they are good. So a person is tested by adversity as to what is in him. This is what happened to Tobias, when what he had was taken away: the angel said to him, "God has tested you to see how patient you would be".[49]

---

[48]   John Cassian, Conferences Pt 3, Conference 18, Ch XIV
[49]   Tobit 12:14

In the seventh place, fire has the capacity to drive out and dissipate moisture. So adversity drives out the unclean desire that is in you.

> I have read about a spiritual person who underwent strong temptation from unchastity. His superior ordered a brother to denounce him for great abuse, and to accuse him in his presence. He did so, and the friar then devoted so much energy to defending himself that he wondered why he had been treated so unjustly. And he forgot all about his unclean thoughts!

You heard earlier about the praise of this virtue of patience: the first reason is its capacity to conquer its enemies without any weapons; and secondly, that it makes its enemies its servants.

From these two a third reason follows: patience brings one to a virtuous life, for patience is a birch-rod in the school of Christ—if you are patient, it leads you to many virtues. Just as you have to beat a nut tree to make it fruitful, so a person bears much fruit of virtue if the Lord beats him with the rod of adversity. If he is patient under it, can it be otherwise? As Augustine says, "Gold shines very brilliantly in fire; but if you put green wood in the fire, it smokes".[50] By the gold we are to understand the patient man, since just as the gold is refined and improved in the fire, so a patient man will constantly grow better and better. But by the green wood we understand an impatient man, since when he suffers and meets adversity, he gives off a foul smoke—he murmurs and grows impatient, even worse than before.

Fourthly, this virtue is to be praised and honoured above many other virtues because it brings a person to the place where he is reconciled to God, and God's wrath is turned away from him—and human anger too, in dealing with one's superiors. *Per patientia*—through patience—a superior is softened; but a fool makes him even more angry and unfair. Patience softens you, and it also softens God so he withdraws his anger from you.

---

[50]   Augustine, Civ Dei 1: 8

Fifthly, patience delivers the result that one has God's love. Thus the Apocalypse says, "Those whom I love I chastise and send them suffering".[51] If you experience no suffering, then God has no love for you. Look at all the saints—they have not entered eternal life without suffering.

Sixth, this virtue is to be praised and honoured above many other virtues in that it brings one to wisdom Proverbs writes that a wise man is tested and corrected through his patience.[52] Gregory says, "The more patient a person becomes, the wiser he becomes. But if he does not have true wisdom, neither does he have true patience; and if he does not have true patience, neither does he have true wisdom."

Seventh, this virtue is to be praised and honoured above many other virtues because it brings one to greater devotion. The person who is patient is also serene. Bernard: "If we wish to come to gaze upon God most high, we must set ourselves to grow serene." A person who is serene is so because of the rod of God's grace.

Eighth, patience brings us to perfection (each step always follows from the one before).

Ninth, this virtue is to be praised and honoured above many other virtues because it makes a person a martyr for God. Though he does not always suffer outwardly, yet he still experiences it inwardly in his will. As Gregory says, "We must become martyrs without sword".[53]

In the tenth place, patience brings a person to the place where he may perform miracles. Gregory says, "Is it not a marvel that a man does wonders and signs? Yet it a still greater marvel that a man is

---

[51] Apoc 3:19

[52] e.g. Prov 9:9 etc

[53] Gregory, Hom iii in evangelium, cited in Thomas, ST Supp Third Pt q 96, obj 5

patient." I have read an example of this marvel that may be to the point:

> There was an abbot in a certain cloister, and many holy brothers as well. There was one subordinate in whom the abbot observed he was a good friar who let nothing he saw in the cloister distract him. Many signs happened through him. Those who touched his robe or girdle were healed. The abbot marvelled at it, and said, "What is your life, and your merit?" He answered, "I do no more than the other brothers. I do not pray or fast more than the other brothers. But one thing I do: I let nothing distract me." Then the abbot said, "Wouldn't it distract you if the cloister were to be pillaged and the corn burned?" He replied, "I have given up my will to the will of God: as he wills, so I also will, and I have prayed God that he will order things according to his will."

Eleventh, this virtue is to be praised and honoured above many virtues because a person will be exalted. For the more one is abased here, the more he will be raised up. It is not always obvious here, but it will be clear in the time to come.

> I have read an example of this in a patient friar whom the other brothers accused of being lax, to the point that when any negligence happened, they always blamed this friar and complained to the superior about how lax he was. As a result, the superior rebuked him for not being diligent, but he always made little of it. It happened a great deal, and the superior grew impatient with him because he was prepared for the rebukes to be so frequent. He assigned him to fast, first for one day, then for two, and then for three days on water and bread, and ordered him to pray. Then the other friars decided to make another complaint to the senior superior about him, because they regarded him as guilty of great neglect and of being a burden on the convent. The superior said they should pray to God that God would reveal to him what he should do with

the brother. It was then revealed to the superior that the friar was not guilty. So he told the friars, "For your deserts, I intend to use the meanest blanket, and so I can identify whose blanket that is, bring me your blankets here." And he ordered them to make a fire, and put the blankets on it. All the blankets were scorched except the one that belonged to the brother they had accused. Then they abandoned all they had thought of him before, and from then on accorded him great honour. However, as a result he became afraid he might not be able to maintain his humility, and was very sad that he could no longer practise patience, since no-one did anything to him any more. So he fled to a forest where he could lead the life he wanted to lead.

Twelfth, this virtue is to be praised and honoured above many virtues in that it makes a person blessed and brings him to eternal bliss. Jerome says that the kingdom of heaven rules in power; and it is the strong and powerful who win it—that is, the patient. Our Lord himself says, "Blessed are those who suffer contempt for the sake of righteousness".[54] If you suffer innocently, rejoice, for great is your reward in eternal bliss. We should not suffer like unrighteous men such as robbers and firebugs and other such evildoers, but we should suffer as the innocent—the worse it happens to us, the greater will be our reward.

I have read an example of this about a holy patriarch who lived in a cell. Another monk used to go in at night and steal whatever he had in the cell that he had gained from his work. He never grew impatient because of it, but he thought he might become so, so he worked all the harder. That drove him on for a long time. Then, as he was approaching death, he called the brother to him, took his hand and kissed it, and said, "This hand has brought me to eternal bliss, because I have been made patient." Then the other smote himself, and amended his life.

[54]   Matt 5:10

The height of the rose bush—nine steps to true patience

Now you have heard the twelve virtues of patience—these are the twelve roots on this stem. How, then, should we prepare ourselves so that we may achieve true patience?

First of all, by paying attention to Holy Scripture, and also to the example of the revered saints. It may often be the case that a person is disposed to do good works, but has too little courage. If so, he should look to the example of the revered saints and develop a robust temperament.

There are nine grades of patience that serve as a lesson for us to come to true patience. This represents the height of the rose bush stem.

First, you should not harbour enmity against one who hates him, nor should he hold a grudge.

Second, you should not reject criticism from a neighbour, or from God. Don't complain about what God allows to be addressed to you, or your neighbour presents.

Third, you should suffer willingly. Often it may be the case that one suffers something but suffers it unwillingly. In this case, we should look to the example of Christ, who suffered willingly.

Fourth, a person should desire to suffer. There are some people who may well give their consent to suffering, but do not wish to suffer.

Fifth—the fifth grade of patience—is that you suffer with joy (and one grade always flows from the other). You may well find people who want to suffer but take no joy in it.

Sixth—the sixth grade of patience—is that you are thankful to God that he chastises you here.

Seventh, you should not wish to be avenged on someone who has committed some offence against you.

The eighth grade of patience—and this pertains to perfect patience—is that you should not complain about someone who directs criticism at you. That is a proper role for superiors, and is not to be ignored. You should also not complain about God when he sends you suffering.

Ninth—the ninth grade of patience—is to pray for someone who chastises you. This ninth grade should be an lesson for us so that we learn to achieve true patience. Holy Scripture, too, should urge you to come to patience. Paul says that "each person should remain in the state in which he was called"—that is, in true patience, and patiently and humbly suffer what God pleases to send you. Again Paul says we should be patient towards all, whether they are over or under us. Paul also says to the Hebrews, "We should greet chastisement with patience".[55]

> I have read an example that Caesarius records for us of a person who was under obedience, and whom his superior often castigated with words and acts. The underling murmured against his superior, and nurtured hatred and spite towards him because he thought he was treating him unjustly. Then our Lord appeared to him hanging on the cross: there was a cloth that was full of thorns bound around his head, and one around his hands, and one around his heart, and one around his feet. He wondered, "What does this vision mean?" Before that, he had thought he could leave the cloister, and would have been glad to do so. But now it was shown to him that the band with the thorns that our Lord had bound about his head meant he was not being submissive to his superior; the band about his hands meant his disobedience; the one about his heart meant he should bear no malice towards his superior; and the one about his feet that he should harbour no impatience towards his superior. Then he berated himself; but he

---

[55] Heb 12: 3-13

did not do it wholeheartedly. The next night his superior appeared to him, bearing a cross, and the underling had helped him by carrying one side, but then he let it fall, and the superior had to carry it alone. Then he woke up, and he thought, "That is another sign that you should help your superior bear his cross". [56]

For each person should help his superior carry his cross. You should understand this applies to each several state, such as a maid to her mistress, and a wife to her husband, and the husband to the wife. Over all, one person should always help another bear his cross.

How to attain true patience

How may we now attain to perfect patience? The ability to do so lies close at hand. There are three means by which we may come to perfect patience.

First, the Holy Scripture, which you have heard already, as St Paul teaches.

Secondly, you should pray God for patience, for you may not achieve it by your own power—patience is a gift God must give, and so we must beseech him for it. David says to our Lord, "You are my patience within me".[57] The children of Israel once fought with the heathen, and as long as Moses held his hands aloft as he prayed, the children of Israel prevailed, but when he let his hands drop, the children of Israel were overwhelmed. David says, *In tribulatione invocasti me et liberavi te*—"In trouble you have called upon me, and I have set you free".[58]

---

[56] Based on Caesarius of Heisterbach, Dialogue of Miracles IV, 18

[57] Probably a wrongly transcribed reference to Ps 85: 15-16 [Vulg]: *Et tu, Domine Deus, miserator et misericors, Patiens, et multae misericordiae, et verax, Respice in me . . .*

[58] Ps 80:8

The third thing that helps us to perfect patience is that we remember.

First, remember the example of the ancients—how they became patient. Paul says, "We should be followers of those who have believed with patience, who are possessors of eternal joy." Gregory says, "The works of the ancients should be a stimulus for us, a training, and an admonition to patience." Jerome says that no-one may be crowned unless he has struggled for patience: that is his assessment.

Take as your own, too, the example of Christ, who went as a lamb to his death. He did not complain: when his own person was attacked, he stayed silent, but when his heavenly Father's honour was attacked, then he spoke fittingly. We too should act in this way: if the attack is on our own person, we should be patient, but if it concerns the honour of God, we should not abide it (as much as we may want to) or else it would be more odious than patient. St Peter writes in an epistle that as Christ suffered innocently, so we should suffer and be patient in it.[59] Bernard says of Christ, "You are our mirror and our reward for patience, and you are also powerful to look upon." And he goes on to say, "We should not put our mirror behind us, at the back, but we should put it in front of us, before our face, and look in it."

David may well have overthrown his enemy Saul many times, but he was unwilling to do so. Look at Tobias: it is recorded about him that God sent him suffering in ways that his successors could draw an example from him (for you don't read that he complained about it).

Look also at the example of the revered martyrs, how patient they were in their sufferings. There is an account of a king that someone said to him, "You are a real tyrant!" He replied, "If I were really a tyrant, then you would lose your life for saying that. But to show you that I am not a tyrant, I will do nothing to you"—he was patient. There was another person who escaped from a heathen master. The master said, "You have discovered that you can act reproachfully

---

[59]   cf 1 Peter 2:21 & 3:8

and abscond—I have discovered that I can be patient about it!" These stories should be examples to show us how we can all become patient.

Now you have heard the first point—that we should reflect on the example of the ancients, how patient they became. I shall now summarise five more points for you. The second point is that we examine ourselves, to see what is in us; third, the huge penalty on account of sin; fourth, the great joy that will be given to us because we are patient; fifth, from whom it comes; sixth, we forgive anyone who has caused us offence should and turn it to advantage. I have read an example in the book of the patriarchs:

> There was a holy patriarch whose praise was widespread for his enduring patience and equanimity. Another came to him and wanted to test how much patience he had in him. The patriarch had a garden where vegetables grew: the visitor took his staff and smashed the patriarch's vegetables into the dirt. The elder saw him and said nothing, and he offered him another meal (he had already given him something to eat when he arrived). Afterwards the visitor said to him, "Father, shall I go into the garden and see if I can pick some vegetables for us to eat?" He answered, "Beloved son, it pleases me well." Now that he had seen the patriarch's patience, he realised that earlier he had acted meanly, and begged him that he pray to God for him, that he help him, too, to come to true patience.

The first branch of the rose bush—obedience

Next I shall speak about the six branches that grow on the stem of the rose bush.

Various kinds of obedience—culpable and worthy

The first branch is obedience, which grows on the stem of humility and patience. Be aware that there are varieties of obedience. It is divided into two parts: the first is called a *culpable* obedience, the second a *praiseworthy* obedience.

The first, or culpable, obedience is itself divided into four parts.

First, it is culpable when a person is submissive to the creation, which is really beneath man. Someone may then ask, how is it that St Peter says we should be "obedient to all creatures"? [60] We should understand his statement judiciously, as follows: he means one should *regard* oneself as meaner than all creatures. But if we choose to be *obedient* to an irrational creature, that would be a culpable obedience. The Philosopher says, moreover, that to the extent one being has more understanding than another, to that extent the one will be called by nature lord over the other. Ecclesiasticus writes that all things are submissive to the privy, foremost among horrid things,

---

[60]   1 Pet 2:13

or to put it another way, one may act obediently for the sake of gold, and not notice that he angers God by doing so.

Secondly, it is culpable obedience when a person is subject to someone who should be subject to him—as when a prelate is subject to his subordinate. That is not right—a prelate might as well receive a beating from his inferior. Proverbs says, "There are three things that prevail upon earth, four that the earth may not abide".[61] The first thing the earth cannot abide is that a servant lord it over his master; the second is that a fool and churl is sated in his sensuality—as when such a person sweats and drinks so that he acts unrighteously (both these things happen from free will.) The third is a hateful woman whom no-one can get along with and whom no-one can endure; the fourth when a maidservant wants to lord it over her master—that is not to be tolerated (a woman is a sick creature if she wants to lord it over the man—it is not to be endured.)

Thirdly, a third aspect of culpable obedience is that an inferior should obey his superiors in seemly things only. Gregory explains that someone, out of obedience, may well leave undone something he has promised. When one vows to do something he is not duty bound to do, and his superior comes and gives him some order, he should leave what he has promised undone, and obey the direction. But it is not fitting to do an evil work out of obedience. Gregory says that subjects should be diligent to guard themselves against being more submissive than is proper. Acts says, "We must obey God rather than man".[62] St Augustine also says the way of obedience is that a subject does not oppose an evil man in what is good—that is, however evil the superior is, the subject is nevertheless to be obedient in what is good. But neither should we be obedient to a good man in what is evil, for however good something appears, we still should not obey in something evil. Bernard says it is disobedience rather than obedience when an underling obeys a superior in unseemly works; for we should obey God rather than man.

Prov 30:21
Acts 5:21

The fourth culpable obedience is a coerced and involuntary obedience—namely, when one is forced to be obedient. St Paul says such obedience has no place among us.

There you have four sorts of obedience that are culpable.

Second, then, there is a praiseworthy obedience which brings a person eternal joy. Such worthy obedience has two aspects. The first sort of worthy obedience is a matter of *obligation*; the second is *overflowing*, because it performs not only the things it is duty bound to do, but also does things it is *not* obliged to do.

Obligatory obedience may be divided into four parts.

First is common obedience—that is, all the faithful are bound to obey the pope and papal laws and the councils. Although it is a common obedience, it is not the commonest of all, since it does not apply to Jews and the heathen, who are not liable to the things we are liable to, such as receiving the sacraments and other laws.

The second aspect of this obedience is even more common, and applies to all creatures, angels and men, also unbelieving Jews and heathen—in short, all rational creatures are liable to be obedient to God and to keep the ten commandments.

The third, and the commonest obedience of all, affects all creatures, since it is imprinted in their nature. An irrational creature performs God's will without contradiction; yet a human being doesn't act the same way, since with his free will he often resists. This is why Augustine says it is a greater thing for a sinner to be converted from his sin than to create a new heaven and earth.

Fourth, there is a specific kind of obedience which is not so general. In the first place, we may regard it as according to nature, such as obedience to a father and mother, whom we are bound to obey, and is pleasing to God; secondly an obedience where one person yields his will to another, and is duty-bound to obey him—for instance, a servant to his master, or someone who has bound himself under obedience.

Then there is the overflowing, perfect obedience, which not only does what it is bound to do, but also does what it is not obliged to do. Bernard says that a perfect obedience has no law and also has no end. For if worthy obedience has a law and an end point, how much more praiseworthy will it be when you are not duty bound?

Obedience defined

So you have now heard about the twofold obedience, dutiful and praiseworthy. Someone asks, "What *is* obedience?" Obedience may be defined in various ways.

First, obedience means to bow or bend in a seemly way under the will of one's superior according to rule and law, and his exposition of the rule.

Secondly, it means fulfilling the superior's will and command according to his judgment.

Thirdly, obedience is a submission of one's own will and a submission to one's superior's will in seemly things.

Humility is a submission to oneself, so that one confesses one's infirmity; but obedience is a submission to another. Obedience is also defined as follows: that one performs diligently all things that are pleasing to God and whatever he is duty bound to fulfil; and secondly, in respect to man, that one not oppose one's superior in seemly matters.

Now you have heard what obedience is, someone may ask me, "What if someone is not obedient to another person? Or what if someone doesn't obey even God?" Let me consider that question.

Ecclesiasticus says God has created man, and has loosed man in his own will.[63] The question can have a range of answers.

You are obliged to obey God—you may see that from Holy Scripture. First, then, we should carry out everything God has commanded.

Secondly, we should also obey men, for Scripture says that, if children are defiant, their parents should denounce them to authority and let them be stoned and killed. You can see, then, that you should be obedient to God and also to your superiors. Paul says that each person should be subject to the power of their superiors, for their power is from God.[64] Peter also instructs us that we should be obedient: he says, "You should be obedient in all fear".[65]

Someone may say, "How should I understand that, if Ecclesiasticus says that God has let man loose in his free will?" Thomas expounds this text: he says that God has given man his free will so that he will not be coerced by the leanings of his nature.[66]

The height of the branch—nine levels of obedience

So far, you have heard *what* this branch is—now you will hear how *high* the branch is. It is nine feet high, corresponding to nine levels of obedience.

The first level is that one obeys from fear. That is the lowest grade. Some, for instance, obey because they fear pain and also embarrassment before other men, or fear God's and that they are falling into sin. This lowest level, although not deeply praiseworthy, may yet free one from eternal pain, for if one fears God's wrath and falling into sin, he will be watchful because of the prospect of damnation.

---

[63] cf Ecclus 17
[64] Rom 13:1
[65] 1 Pet 2:18
[66] Thomas Aquinas, ST I a, q 83, art 1

The second level is that a person is willingly and gladly obedient. This is a higher level than the first. There are some people, however, who obey reluctantly and unwillingly—that is not very meritorious. In the book of Exodus it is written, "All the things that are commanded should be done willingly and attentively." David says: "Lord, I shall willingly sacrifice to you." Augustine also urges us to it: he says coerced service is not pleasing to God.

Third, you should be single-minded, simple, and obedient without gainsaying. Bernard says that some people are obedient but not single-mindedly: they probe and ask questions and say, "Why should I be obedient? Can't someone else do it as readily as I?" Bernard also says there are some people in whom presumptuousness arises, but if one is obedient single-mindedly, obedience restores one's willingness to act, and obedience brings back the fruit lost earlier. Bernard says: "Simplicity is certainly a rare bird, but necessarily, if someone wants to be straightforwardly obedient, he should throw presumption away and not stray to either the right or the left. He should obey simply."

The fourth level of obedience on this branch is that you should be obedient in a lively, quick, and ready way. A person should not be inert, like a bird made out of lead, or a block of stone. Towards each person to whom you owe obedience, your obedience should be lively, so that it may also be pleasing to God. We should know this from Holy Scripture: it is recorded that, Zacchaeus, a little man, climbed a tree as Christ preached, and when Christ told him to come down, he came down agilely and quickly. He then received the fruit of his alacrity in that Christ came to his house and said, "Today salvation has come to this house." Again, we also read that when Christ called Peter and Andrew, they left what they had swiftly and followed after Christ. We too should obey as soon as the order is voiced. And the penance someone imposes on us, and other things we are obliged to do, we should carry out with alacrity. Jerome says that the liveliness of perfect obedience removes any imperfection in the obedience. Again, obedience is compared to a green twig, which lets itself be bent and bowed and says nothing, but if it is dry, it does not do so. So obedience is like the green twig and lets itself be bent and forced as one wishes. The sluggish are also compared to square blocks of stone: they discourage anyone who wants to move them because they are so awkward for him and others to move; and God is displeased with the sluggish.

Fifth, we again climb up further onto the next branch of the first bough—namely that you are obedient happily—what you do, you do happily. Don't let yourself be sour about keeping the ten commandments and the counsels of Christ and the other things you are responsible for. It should be a joy for you to fulfil them. Humbertus says the sort of man who is happy in his obedience in this fashion gives joy to the person who commands him, it brings him security, and thirdly it makes his work light for him. For when someone is happy and enthusiastic in this way, it makes what he does seem light. Bernard says that our obedience should be perfected so that our face will show we are happy, and our words express that the obedience is performed gladly. Paul says, "God loves the glad servant."

Sixth—the sixth level—is that you should fulfil your obedience manfully. You should be magnanimous, since you should not be faint-heartedly pusillanimous. Do manfully what you can—you are not responsible for more than what is within your capacity to do. One often supposes, "Such and such a thing is impossible to do!" Yet if someone is obedient, it gives him manly strength. Thus Bernard says he has put his hand to mighty things. Obedience should be manly obedience, for Christ too was manfully obedient even to death. Bernard: "Christ did not abandon his obedience, and he gave up his life for it." If Christ did so, much more should we be obedient.

> I have read a relevant example in the books of patriarchs that a person was commanded to move a great stone. He obeyed, and tossed the stone to another position—a stone which a hundred men could hardly have moved, but God gave him strength for his obedience's sake. I have also read another example of a brother who was commanded to water a dry twig. He really thought it was not very useful, yet he obeyed. For often, even if an order is needless, yet

obedience is still needful. He also had to haul the water over two miles. He worked at it for three years, and then God showed him the usefulness of obedience—the twig bloomed.

Gregory says that the more obedience retains its own will, the less meritorious it is.

Seventh, obedience should be comprehensive in all respects, and you should always obey what someone commands you to do. Someone may be willing in one matter and unwilling in another. Accordingly, the seventh level is that obedience should be all-inclusive. Some people have the attitude that no-one should order them to do anything they're not ready to do. If someone serves a great lord who gives him many more orders than he gives the other servants (and will also give him many more rewards for it), that is a great honour for him. So we too should act in our obedience. Paul says, "In all things you should be obedient to your temporal superiors in seemly things."

Eighth—the eighth level of obedience—is humility. Bernard says humility is so great a virtue that no other work is as meritorious as humility. If you are now as obedient as we have described so far, you should not overrate yourself. Hence the eighth level—humility.

The ninth level of obedience is that it should be maintained to the very end. Even if you have reached all the other eight levels without exception, but do not persist in them to the very end, it is worthless. For you must persevere, even to death as Christ did, as you heard earlier. And if you do persevere in your obedience till death, you will receive the reward. Bernard says that if someone runs towards a goal for the sake of a treasure, and turns back before he reaches the goal, what does he get from it? Nothing but weariness and pain. So it is spiritually, too. If you persevere to the end, you will receive the treasure—that is, the reward. For so says Paul: "We should so run that we grasp the end, and come to eternal life".[67]

---

[67] cf 1 Cor 9:24, Philip 2:16

In the hope that we should wish to be obedient all the more, Wilhelmus in *de actibus* records for us an example of a youth who entered our order, the Order of Preachers. He was thoroughly examined, and he was admitted. Beforehand, he had been assigned to learn certain things—the hours of Our Lady and the other daily offices. The superior had asked him whether he wished to be obedient, and because he had heard others praise obedience, he said he did. Afterwards, he fell into a severe illness. Then the foul fiend came and said he wanted to carry his soul away, and he answered, "Who are you?" An angel then came and said, "Don't be afraid—I shall carry your soul hence." But the devil did not give up—he persistently wanted his soul. So the angel did take his soul, and bore it to paradise. There in front of paradise stood an ancient faultfinder, who said, "This soul does not enter here, for it was disobedient!" So the angel carried the soul back to its body to make satisfaction. The youth woke up, and realised he had been in great dread. He told the prior what had happened to him, and said, "I didn't know that I had been disobedient, but I had a funny old coat washed when I was on leave." The youth had longed to be fully admitted, and this was the reason he had been unable to enter eternal life. If he had not yet bound himself fully under obedience, how then will it be for us who *have* bound ourselves to obedience?

This example should direct us again to due obedience.

Twelve roses on the branch of obedience

Next you should notice how many roses grow on this branch. There are twelve roses growing on the branch, and among them, obedience is honoured above many of the other virtues.

The first rose on the branch of obedience is that obedience ornaments the human soul. Just as the rose adorns the branch where it grows, obedience is so very great because it adorns one's soul. Paul says: "Through the obedience of one man many have been justified".[68] Through his obedience Christ has adorned and justified us. so that we too should be obedient. So Proverbs says, "Someone who chides a wise man chides an obedient hearer".[69] For if a wise man is blameworthy, he is not wise, but if he is wise, he is not blameworthy. The obedient man is not blameworthy, for obedience is more precious than gold and silver and precious stones. There are many who have amassed gold and silver and precious stones, but obedience is worth more than them all.

The second rose on this branch—the second fruit of obedience—is that obedience protects and fortifies the human soul. Obedience is essential if one is to be strengthened; for as Scripture says, the soul is adorned by the fruit of obedience. It is also necessary that the soul be protected, and obedience does that. Proverbs says, "He who protects God's command shall be protected," and that comes through obedience. Further, Scripture says, "When you are obedient, you protect your own soul. The child that guards his father's word will be guarded against damnation." Ecclesiasticus also says, "He who guards God's commandments, no calamity will befall him."

> In this connection I have read an example of a patriarch who had with him a disciple he wanted to send into a city to see someone who normally provided funds for him and the other fathers. The youth said, "I'm afraid I shall fall into scandal." The old man said, "Obedience will guard you well." The youth then went into the city and to the house, but there was no-one at home except the man's daughter, and she tried to tempt the youth to do unseemly acts. So the young man called on God to protect him as his father had prayed. All at once he found himself kneeling alongside his cloister. In this way obedience protected the youth from the scandal of sin.

---

[68] Rom 5:19
[69] See Proverbs 19.25

Thirdly—the third rose on this branch—is that obedience makes you a servant of God. If you were to become the servant of a great lord, it would give you great joy; it should it be a far greater joy to you that you are God's servant, and it is obedience that brings you there. (One always follows from the one before—since if you are protected, you also become a servant of God.) Paul says, "Be obedient to the person whose servant you are." If you obey God, you are thus his servant; but if you obey the world and the devil, you are their servant. There are many who cry "Lord, Lord," but they will not be his servants. Luke says, "Many call him 'Lord', but they will not serve him".[70]

The fourth rose on this branch of obedience is that obedience next makes your service wholly pleasing to God. It is written in the Book of Kings, "Obedience is better, greater, and finer than sacrifice". What you do will become pleasing to God through obedience, for if you obey, your work is wholly acceptable to God. Augustine says the prayer of one obedient man is better than the prayer of a thousand others who are not obedient. Note from this how acceptable obedience is to God.

The fifth rose on this branch, and the fifth fruit of obedience, is that obedience makes a palace and temple of God out of your soul. Obedience is as hard as iron and penetrates the soul. You can see this when the Lord Christ wanted to lodge in Simon's house (where Mary Magdalene came to him).[71] Simon was widely reputed as obedient, and Christ wanted to stay there. Where there is true obedience is, God will be there. When Christ had preached for a whole day, he looked around to see if anyone would offer him hospitality. He found no one who wanted to, so he went to Bethany—Bethany had a reputation for obedience.

The sixth rose on this branch, and the sixth fruit of obedience, is that obedience lifts one before the face of God. Deuteronomy says that God said to the people of Israel, "If you keep my commandments

---

[70]   Luke 6:46
[71]   Matt 26:6, Mark 14:3

Johann Herolt OP

you will be exalted over many other peoples." Certainly one can find many people who have a range of virtues; but those who are under obedience are better by far.

> I have read a relevant example about a person who was shown four orders: members of the first order were patient in their illnesses; the second order practised mercy; the third led a secluded life; and the fourth had lived under obedience. The first three were using their own wills to some extent, but the fourth order had yielded their wills to their superior, and for this reason were valued above all the others.

The seventh rose on the branch is that through obedience you overcome all your enemies. Proverbs writes that "an obedient man will speak of victory". We read that the children of Israel always sang a song of praise when they overcame—that was their "speaking of victory". Gregory says that a person who obeys another man's voice conquers himself in his heart—in that he conquering himself, he conquers all his worst enemies. Seneca says an obedient man is stronger than all other men.

The eighth rose, the eighth fruit of obedience, is that obedience makes all things subject to you—everything is subject to a truly obedient man. So we read about Joshua, who commanded the sun to stand still, and it happened: he was obedient to God, and so the creation was obedient to him.

> I have also read an example of a patriarch who sent his disciple for water. The young man left behind the ropes he needed to draw the water. So he said, "I command you, water, come out of there, through my father's prayer!" And it happened—the water rose high enough for him to reach it. The patriarch ascribed it to the young man's obedience.

> Another patriarch gave a disciple some order. The young man said, "I am frightened that wild beasts will rip me up," since a lion lived just near where he had to pass.

The patriarch said, "If the lion comes near you, tie him up him and bring him here." When he reached the path, the lion confronted him. He said, "My father bids you to let yourself be bound and led to him." So the beast stood still, and he tied it with his girdle and took it to the father. This happened as a result of his obedience—it would have been impossible otherwise.

[The manuscript says that four more roses were described at this point.]

The kinglet on the branch of obedience

On the first branch of obedience sits a bird called a kinglet. It is a small bird, and very nimble—as soon as it is on one tree, it is on another as soon as it likes. It is very hard to dislodge, because no hole is too small for it. This little bird pictures the liveliness of the obedient person. Again, the fact that this bird's habit is to sleep in every little hole means that no work in this garden is too big or too difficult for the obedient person—he will throw himself into it.

Now, what does this little bird sing (as we may imagine from its character and the significance of its behaviour)? It goes like this:

> *I am called a kinglet,*
> *Well known by God and man.*
> *To me, my plumage is just trivial,*
> *My body a trifle to me,*
> *And because I am so nimble,*
> *No one keeps up with me.*

So spiritually: *"Well known by God and man",* it sings—that means that obedience is valued by both God and man.

"To me my plumage is just trivial"—that means the nimbleness of obedience, for the obedient person is ready before the command is given.

"My body a trifle to me"—this means humility, that a person does not overrate his obedience and his good works."

"And because I am so nimble, no one keeps up with me"—this means that no-one who acts other than in true obedience may equal the obedient person in merit.

Christmastide

Conceiving, bearing, and nurturing Jesus

A t this holy Christmastide, we should conceive and bear Jesus, and afterwards we should nurture him.

We conceive Jesus when we have a desire for good. Yet it is not enough to conceive much and bring forth little, just as sometimes some women who conceive often but complete few pregnancies. The prophet speaks about this: "You have conceived and not given birth." What you have conceived—in church, during the sermon or in prayer—you should translate this desire for good and good will into action. St Bernard says the will is the root of all good works. So we must turn our desires and good will into action.

In this way we bear Jesus spiritually, and in this case Isaiah says, "You have conceived and given birth".[72]

Afterwards we should nurture Jesus and tend him so that he grows. This is how we nurture Jesus: when we grow in good works, Jesus grows in us.

---

[72] Presumably a reference to Isa 7:14

Johann Herolt OP

Staying with Jesus: godly fear, diligence, humility, patience and obedience

But now, what should we do so that Jesus will stay with us?

First of all, we should have godly fear—together with Mary, for when she and Joseph feared that Herod would kill the baby, they fled with him to Egypt. Mary is so gracious that she would gladly give you the baby to carry into the garden. Make sure again that the wall surrounds it, or else she will not give you the child to carry in there, for she is afraid the wild beasts may rush in and harm the child. So also Scripture says, "You will lead me out of peril." If you wish to have Jesus and nurture him, flee from a place where there is peril.

Secondly, Mary was diligent. Similarly you also should devote great diligence into how you nurture Christ in yourself. For if you rear Christ well, Mary is so generous that she will reward you herself. When Moses was placed on the river, the king's daughter took him as her own child, and she gave him to a Jewish woman and told her, "I myself will reward you." In the same way, if we look after Mary's child carefully, she will reward us herself.

Thirdly, Mary was humble. She was not ashamed to be with her child in a lowly house. You too should not be ashamed to carry Jesus—that is, to do humble work.

Fourthly, we too must suffer much and be patient with him, just as Mary carried him into the land of Egypt, where she had to suffer much, and she was very patient. But if we are impatient, we drive Jesus from us.

Fifthly, we also should be obedient, for Mary was obedient, and Joseph—as soon as they were warned they should take Jesus out of peril, they obeyed.

Giving the child Jesus the gifts of the virtues

When a child first begins to walk, you may hold him gently as he walks to someone else. It is the same when you first take him to play; and secondly sing to him and talk sweetly with him and laugh; and thirdly you must give him some gift.

First, if you want to hold Jesus, take him in your arms. St Bernard says, "I take him from his mother, and she is not angered by that, if I but do to him only what is lovely." Someone may ask, "Where should we take Jesus?" We should first carry Jesus into his Father's house—that is, acknowledge the Father's worthiness which is also the worthiness of the Son. The Father's will is also the Son's will, and he thus fulfils his will with all diligence. In the second place, carry him to Mary, acknowledge her humility and chastity and other worthiness, and follow after her. Thirdly, carry him into your own house, and show him the beautiful things in your own house. When you take a child into a house, you first show him the pictures on the walls: so show Jesus the décor of your soul. After that, take him into the garden, and put him down on the ground in the garden—that is, the virtue of humility—and show him the first branch of obedience with its beautiful rose, and also the second branch with its rose, and everything else that is lovely that grows in the garden. And do not anger him. If so, he will stay you gladly, and he will not grow angry with you either.

Second, you should sing to the child. It is written, "They take their harps and go into the city and sing full well." Sing true contrition to this child, and sing to him well—that is, you are fully contrite and remain contrite. Next, sing true thankfulness to the child—Jesus thankfulness that he became so humble as to come down from heaven and become a man. And thirdly, sing with joy, as Isaiah says: "We should thank him, and the *vox laudis* should be heard from us." We should thank him not only with work, but also with words and in the heart, with great joy that he has rescued and redeemed you.

In the third place, we must give the child something. Give him a little yellow shirt, a little girdle, and two red shoes, and an apple in his hand.

The yellow shirt means that you should give him all the devotion you possibly can. (We appropriately compare devotion to a yellow shirt since characteristically the devout are yellow, and are so because they use up all their energy on God, so that their energy is prevented from functioning in the body.) Rebecca put all Esau's fine clothing on Jacob, to signify all the good desires and virtues which are an ornament of the soul. We should put these on Jesus, and offer them to him. Remember that if you are consistently devout, then you are pleasing to God, and the little child will stay with you gladly.

Next, give the child Jesus a girdle. By it we understand the virtue of chastity, for it is written, "Let your loins be girt".[73] Similarly, Christ also says, "Give me a heart that is pure." Purity of heart greatly pleases God.

Third, we should give the little child Jesus two red shoes. By the first shoe we understand godly love, by the second fervent desire. You should have great desire and love for God, whether things go well or ill for you (by the right shoe we understand things going well for us, but by the left shoe we understand things going badly for us). If things are going well for us, we should have love for God; but if things are going badly for us, we should also have love for God.

After that, you should give the child an apple. That means good work. The children of Israel were commanded to give a tenth of all their fruit, including the apples. By the apples we understand the virtuous works we should give the child—not just devotion, but much other virtuous work as well.

After that, pick a rose from the branch of obedience and make a little garland for the child Jesus. By the garland we make and give Jesus we picture perseverance in all good works. For a garland is wound around and has no end, and our good works should be without any end. But "without any end" also means that we should persevere in our good works until we reach our own end.

---

[73]   Luke 12:35

Now, while we are so delighted in the garden among the red roses, we should temper our joy, for by the fact that the roses are red we understand that, while Jesus is in the rose garden, we should not forget his suffering, and reflect that the red rose points us to the red-coloured blood of our dear Lord Jesus Christ, which he has shed for our sakes, and has endured great and bitter suffering for our sakes. And so that it should go to our hearts and is mix it with our joy, he has left us a sweetener. When someone eats sweet food and then eats something bitter, and then eats the sweet food again, he is much more grateful than if he had not tasted the bitter, and he also thinks the sweet food much sweeter than before, when he had not yet tasted the bitter food. So afterwards, we should return to joy, and set Jesus on the ground in the rose garden, as you have heard already, and set him among the aromatic plants that grow in the garden, such as lily of the valley, the blue and white lilies, and the sage and rue and other fragrant plants, and enjoy yourself fully with him.

After that, give him something in his other hand. Since you have already given him an apple in his left hand, now give him a little bird in his right hand. You should give him the bird called a warbler, whose trait is that it makes a nest not in trees, but in the grass. Another characteristic is that this little bird rears the young of other birds. You hear about the cuckoo, how it doesn't raise its own young, but all it does is bring the egg to the warbler and lays the egg in its nesting place, and the warbler hatches it; and when it has grown larger, the warbler has to be very watchful so that it is not swallowed by it.

This is the little bird we should give Jesus in his other hand. That is just what Christ wants, for in some of its traits it is just like him. This bird has a special song that it is its nature to sing, as follows:

> *If you wonder who I am,*
> *I answer, "I'm a warbler"*
> *The height of branch and tree I shun,*
> *And take my lowly place in grass:*
> *There I make a nest*
> *And nurture young of other birds.*

Taken spiritually, Christ has brought himself down from above, and has redeemed us, and for this purpose has become a man. This bird makes a nest on the ground: so Christ also has done. He humbled himself and came down to us here. He has also nurtured us, in that he has not let us die in our sins, and he has also forgiven us our sins. Again, he too is later swallowed up by many a man, which happens when someone falls back into mortal sin.

Seven ways of nurturing Christ spiritually

The child Jesus grew and waxed strong, full of wisdom and the grace of God that was in him. If you now want Christ to grow in you spiritually, you must have the capacity to do various things one does with a young child. If you want a child to thrive and help it grow in health and strength, you do seven things:

First, you must give it food that is suitable for it, like milk. Secondly, you use your discretion—not too much and not too little. Thirdly, you should not give a child wine, especially when it is suckling at its mother's breast. Fourthly, you should move it often—lift it, for instance, and with care. Fifthly, you should temper it—expose it to a little cold, but not too much. Sixth, you should sing to it. Seventh, you should not let it cry, for that does it great harm. These seven things help a child to thrive and grow strongly.

First, you should give it food that is suitable for it, and that it may eat easily: in this way a child grows quickly and remains healthy. Spiritually, you must give Christ food that is suitable for him—that is, godly fear, which is the manure that is laid on the garden here. For without godly fear, you cannot fulfil other virtuous works. Tobias says, "If we fear God, many good things will follow for us." In Judith, too, it says that if you fear God, you will flourish and increase above all things. And in Ecclesiasticus, "Without the fear of God, there is no salvation nor bliss." Where there is no salvation or bliss, then how shall a person grow?

Second, give the child food using the principle, a little and then a little more. So spiritually, if you want Christ to grow in you, you must be careful not to do too much or too little. That diligence is the door into the garden. Above all, we should carry out with great diligence whatever pertains to the service of God.

Third, we should not give a child wine, especially if it is at its mother's breast, for the reason that mixed wine and milk are liable to produce a rash. So spiritually we should not give the child Jesus wine and milk together (by milk we mean patience and by wine impatience: we should give him only the milk of patience). Thus the child Jesus grows in us, and that patience is the stem of the rose bush in the garden.

Fourth, you should move a child, and dance with it, but you should swing it about only gently, or else you could easily do it some harm. This movement benefits the child greatly, to make it fully flexible and agile. One may observe this clearly in peasant children: people don't move them much, but they often leave them lie all day, and for this reason they become very ungainly. Spiritually, by this movement we should understand that we should be moved to obedience. For if you are obedience, again Christ grows in you, and this obedience is the first branch on the rose bush.

Fifth, we should expose a child somewhat to the cold, a little at a time, and with discretion. So spiritually, if you expose Christ to the cold he will increase and grow in you—by this we should understand humility. For whatever one does to a humble man, he comes out of it well: the person who exalts himself will be hindered, and the person who abases himself will be exalted. And that humility is the groundwork of the garden.

Sixth, you should sing to a child, and if it can talk a little, tell it stories. Spiritually, we should be happy with Christ and rejoice in our Lord.

Seventh, we should not let a child cry a lot, because it does the child great harm when moisture constricts it, and then it does not grow strongly. So spiritually, we should be steadfast so that we do not make Christ sad and make him cry. We should fulfil his will and keep his friendship.

The sermon on New Year's day

WWhen Jesus was born, there was peace in the whole world, and so the angels proclaimed peace. But now days we preachers cannot announce such peace, for the world is full of discord and troubled on every side. So you might say, "Should I then despair?" No! The dear David says, *expecta viriliter age*—we should pray and hope in him, and we should not despair. So today I still proclaim the gladsome name of Jesus with great joy.

As the angel said to Mary, "You shall call his name Jesus." This is the name given to him today in his circumcision, just as you give a little child a special name in baptism. Because of this event, today we should joyfully celebrate this New Year's Day.

Seven meanings of the octave of the circumcision

In the first place, the first reason we should observe this day gladly is because today Jesus has shed his rose-hued blood on his disciples. If our Lord Jesus has already started to suffer in his infancy, we who have reached adulthood should do so much more. Again, he was willing to let himself be circumcised like sinners, yet never committed any sin. How much more should we who have committed great sin suffer justly. Thirdly, we should keep this day gladly because it is the octave of Jesus' birth. Since we observe many sacred octaves throughout the year, it is very fitting that we keep this octave of the birth of our Lord. The gospel declares, "So when the eight days were fulfilled, the child was circumcised." On the last day, we too shall be cut off from all affliction and from our unfitness; but before then we must be cut off from various other things. We should think of these eight days spiritually, and so 'to be circumcised' means that we want to be cut off joyfully from all affliction at the last day.

The first day of the circumcision is for a person to be conscious of time—how brief it is, and how swiftly it passes by. It flows away like water: it is here today, tomorrow it is more than two miles away. This time is like the blinking of an eye. We should therefore grasp the truth right now, and be very, very diligent to spend our time usefully, for you may never retrieve lost time. So in order to do something good with it, see that you apply the time that is still to come usefully. St Paul says, "While we have time, let us do good works." Scripture says, "All that your hand may do, you should do it with all constancy."

The second day of the octave is this: we should be cut off from all temporal things—they are as transitory and evanescent as time. If you bear in mind that time is so brief and temporal things are transitory, you direct your love and desire to God, who ever is eternal, and temporal things become dross to you.

The third day is that we think of the great harm that flows from one's satisfying his desires. This why St Paul says, "I castigate my body that I may overcome it and bring it to the service of reason." St Paul also says, "We should not be afraid to offer up a good work."

The fourth day of the circumcision is that we should reflect on how many snares there are in which a person may be trapped. St Anthony saw that the whole world was full of snares, and he said, "O Lord, who may escape all these snares?" Then he was answered: "The humble!" But how does one become humbled and broken? Job says about this, "I am ashamed of all my work." If Job became ashamed of his work, who else can vaunt himself and glory in his own work?

The fifth day of the circumcision is that we reflect how very entangled we become in immediate concerns. St Paul also speaks of this: "Unhappy man that I am, who shall deliver me from this deathly corpse?" However much a person desires to accomplish many good deeds, often he is distracted by present concerns.

The sixth day of the circumcision is that we reflect how Lucifer was cast down into the depths of hell for a small presumption. God does not count your honour and good unless he knows that you have godly fear and humility, and do not exalt yourself.

The seventh day is for purification from sin, so that you may acquire and retain grace, and not lose it.

The eighth day is the day of sweetness. Once you experience this sweetness in this time, you will accept nothing in its place. A teacher says, "To one who has once tasted the divine sweetness, nothing in this time tastes good any more."

New Year's gifts for beginners, the growing, and the perfect

Then what is to be said to the beginner, to the growing, and to the perfect in grace about how they should be circumcised? Beginners should be cut off from sins, and should be assiduous in cutting themselves off from all mortal sin, down to the very smallest sin; for without that they may not be saved. The growing should concentrate on going forward and growing in virtuous works. The perfect should see that they protect themselves from sinfulness and should be diligent in what is written in Scripture. They should let themselves be satisfied by that. They should guard themselves, first against being self-confident and conceited, second against giving rein to their own will. (There are many things to say about these three classes of people that I shall leave aside for the sake of brevity.)

It is the custom nowadays for the preacher to give or wish people something for the New Year. I, too, shall not break this custom, but I don't have a big gift to give you—"neither silver nor gold, but what I have I give you." When St Peter and St John went together and preached, a poor man who was a cripple asked St Peter for an alms. Then St Peter said, "I have neither silver nor gold, but what I have I give to you. Stand up and be well!" It is fitting that I repeat these words to you, for I have neither silver nor gold, but what I have I give to you, and so I wish you a blessed, holy, pious, and untroubled new good year.

At this point you may say, "That's an ordinary New Year gift! You have to give us something special!" So I shall do that too.

People belong to three estates—the married, widows, and virgins. These three estates each include beginners, proficients, and the perfect. Although the spiritual estate certainly covers these three headings, I would like to consider its particular features. While a person should maintain a spiritual state within a marriage, I intend to start with the spiritual person.

Today, Christ was carried into the temple and was circumcised, and he suffered great pain. So we should now carry him into the rose garden and be happy with him, so that he has something to divert him after the circumcision—something the child Jesus enjoys. Rare things are pleasing, and because it is now winter, roses are rare right now. And so my gift to give the spiritual person a garland made of red and white roses—not of poplar roses nor field roses, but my gift is the good, thick-bodied roses that grow in this garden.

A garland of roses for the spiritual

There are many kinds of roses. The field rose has fewer petals, but the good roses in this garden have many petals. In the second place, field roses sometimes a mixture of white and red blooms, but these garden roses are pure red. Third, field roses don't smell as sweet as good garden roses—good roses give out a lovely fragrance. Fourth, field roses are not as good medicinally, while garden roses can be used for various medicines.

The fact that good roses have many petals means that the spiritual person should have many virtues, many good works and good morals. A teacher says that the more one attains a higher state, the more perfect he should be.

Second, these roses are all red and very beautiful: that means that the spiritual person's life should be entirely pure, with godly love and purity.

Third, garden roses give off a lovely fragrance, and are much better than field roses. This means that the spiritual person's works should be perfected and completed with such great diligence that no-one is offended by them. They should not be remiss or indolent, or else they will give off a foul smell that will offend people.

Fourth, garden roses are good for medicine when you press the moisture from them. First, it relieves headaches. This means that the spiritual should be wholly obedient to their superiors, and so take away their superiors' pain. For the superiors are the head of the subject, and they suffer great pain if their subjects are not obedient. The pain of conscience is also relieved by obedience, signified by this water for the person who is disobedient must have great pain in his conscience. Secondly, the fluid one squeezes from these garden roses is good for a feverish disorder. Spiritually, we should drive away all inordinate heat which inclines us to sin. St Bernard says that if a spiritual person castigates his body, it is a certain sign that it relieves inordinate inclination to sin. Third, if someone cannot sleep, he should sprinkle rose water on his temples, and then he will sleep. Spiritually, spiritual people should be asleep to the world, but wide awake to God in all the virtues. Isidor also says about this, "The spiritual should be dead to the world and live only to God." Fourth, if one dries this rose and makes a powder from it, mixes it with the white of an egg and saffron, and rubs that on the eyes, it drives out headache and makes the eyes clear. Spiritually, the white of the egg signifies purity; and the saffron signifies perfect devotion. With these two things, the spiritual should attain to clear knowledge of God and themselves.

This garland is made of the white and red roses I am giving to spiritual people as a New Year gift: they should put it on their heads and wear it—that is what I ask of them—and they should keep it fresh and beautiful. If you don't do that, I'll give you nothing another year!

A garland of lilies for the virgins

Next, I also give the virgins a garland of blue and white lilies and lily of the valley. So I go into the garden again to pick this garland. Spiritually, they should have in themselves the characteristics of lilies: Purity is signified to us by the white lilies; the blue lilies signify humility. The red stripe lilies have means the godly love virgins should possess. The little flower of the lily of the valley means that virgins should be devout.

First, if one plants the lily in fresh earth, it stays fresh. That means virgins should not trouble themselves with worldly matters. They should not be argumentative. They should be secluded and not travel around, or else they compromise their purity.

Second, if you keep a lily not too bruised but whole, it smells fragrant, but if you crush it, it gives off a foul smell. Thus spiritually, those who are not entire virgins both inwardly and outwardly do not give out a good fragrance. Isidor says those who are not virgins according to their disposition are not worthy of the reward.

Third, the lily has the characteristic (as Isidor says) that if one squeezes water from it and rubs the face with it, it will be unblemished and clear and beautiful. Spiritually, if a virgin does retain her purity, she is wholly beautiful and pleasing to God, but if she loses her purity, she will become filthy before God the Lord. It also behoves the virgin not to be angry or to fight or to talk too much. She should exercise herself in working and devotion.

Fourth, the lily has seven petals, and seven stripes inside. That means a virgin should possess godly fear, true diligence, humility, and true patience. [74] That is, she should possess the three godly virtues and the four angelic virtues.

A garland of violets for the widows

To the third group, I also give a New Year garland to the widows, and I go into the garden again and pick the little flower called the violet. First, it is cold by nature; second, it has much moisture; third, it gives off a good smell or taste.

First, this little flower is cold by nature—that means that widows should be moderate, they should not be kindled by inordinate heat, for the widowhood that is lived according to the desire of the body is dead.

Second, this little flower has much moisture—that means that widows should have much of the moisture of devotion, for St Augustine says, "Even if every single man should beg, they should still remain widows."

Third, this little flower exudes a goodly scent—that means that widows, in all their habits and works and in their words, in commission and omission, should display a good example, and should also point others to the good, to mercy, to humility, and to other virtues, and they should also keep themselves fresh.

A garland of rue for the married

In the fourth place, I also give married people a garland made of rue, which is always green. Now I go into the garden again and pick a garland, since we find much rue and sage and many other good herbs in the garden. Rue has many properties.

---

[74]   Three words have been erased here

As Isidor writes, where rue grows, poisonous beasts cannot survive, so anyone who wants to plant sage should always plant rue alongside, since poisonous beasts like to live where sage grows, but if rue is growing nearby, they must run away or keep clear. Married people should see that they have the rue that drives poison from them so that it can never break them apart; and they should love each other, and have great loyalty to each other.

Second, Linius writes that the juice of the rue expels poison when drunk on an empty stomach. Spiritually, if the children or the parents want to drink the poison of sin, then married people should give them bitterness punishment and severity to drink (for rue juice is bitter) and not stop until they have driven the poison of sin from them. And they should also keep themselves fresh.

A garland of nettles and thorns for mortal sinners

To the crude mortal sinners I must also give a New Year gift. To them I give a garland of nettle and thistle that should prick and burn, in the hope that they will turn themselves from their sin. They may always return to grace. Amen.

The manuscript

Nürnberg, Stadtbibl., Cent. VII, 57 (1436), f. 2-114[75]

Diß hot gepredigt pruder Johannes Herolt cursor in dem advend in dem xxxvi jor.[76]

Rabi ubi habitas Diße fur gelegte wort sreibt uns sanctus Johannes in seinen ganczen ewangelio an den ersten underscheid und sprachen sie die zwen jungern zu unßerm herren andreas und symon petro und sprechten die wort zu teucz also meister, wo wanst du. Unßer Herr sprach, kumet und seht. Das ist, kumet zu rehter weißheit und zu einem volkumen leben, so wird ich wonen in euch. Unser herr hot

[2v] vil wonung. Under andern wil ich iczunt drey nennen. Zu dem ersten hot er gewont in seiner lieben muter leib, do das ewig wort mensch ward. Zu dem andern mol so wanet er in allen creaturen, also das er sie auf enthelt in iren weßen, anders sie wuren all cze niht in einem augenplik. Zu dem dritten mol so wanet er in einer ietlichen andehtigen sel die do geziret ist mit tugenden dor ynnen wonet er mit

---

[75] A short part of the text (f. 2-20v) has been transcribed in Dietrich Schmidtke, *Studien zur dingallegorischen Erbauungsliteratur des Spätmittelalters. Am Beispiel der Gartenallegorie.* Hermaea NF 43. Tübingen: Max Niemeyer, 1982, Textanhang, 448-54

[76] In a later hand at the top of the page, *Diß puch gehort den suestern zu sant kathirem in nurnb'g mv xxiiii*

seiner genod. Tugend ist ein zirung der sel. Und darumb welche sel wil das die ewig weißheit das ewig wort mit seiner genad lustlichen in ir won, die sol gar großen fleiß

[3r] haben, das sie vil tugent hab. Die ewig weißheit spricht, Veni in ortum meum, soror mea etc. Kum in meinen garten mein swester mein gespuncz. Nun zereden von einem gar lustigen roßen garten, den die sel sol pawen, han ich gedoht zu sagen, wie der wol wereit sol sein, das die ewig weißheit lust hab dor ynnen zuwonen. Aber dißer gart is gar wol besloßen wann also stat geschiben, ortus conclusus etc. Dor umb wer in dißen garten kumen wil und dor ynnen pawen, der wedarf wol das er kum zu reht weißheit. Wer aber kumen wil zu rehter weißheit und zu einen turgentliche leben, der muß dorzu kumen

[3v] mit arbeit und durch widerwertikeit. Wann der das, das du in einen lustigen garten woltest gen, du ahtest nit oder du list dich niht abtreiben die nessel oder ander untrauter die vor den garten stunden. Sunder du gingest⁷⁷ durch sie alle fur dich anhin auf das, das du mohtest kumen in den lustigen garten zu den edeln wurczen und wolrichenden kreutern die in den garten weren. Also ist im auch geistliche wiltu kumen zu rechten weißheit und zu einem tugentlichen leben, so must du uberwinden alle widerwertikeit, und das du dich nit lost abtreiben kein widerwertikeit, wann die widerwertikeit ist dem menschen nucz. Es schreiben die naturlichen

[4r] meister wenn der wint die pawmen wol der weet und umbtreibet, so werden sie vil fruhperer denn das sie der wint nit derweet het. Und ist das die sach, wann von dem webegen der pawmen, so wegen werden auch die wurczel webeget, also das sie an sich zihen die feuhtikeit der erden, so werden sie denn vil fruhperer den sust. Geistlichen, pey dem wind ist uns zu verstyn die widerwertikeit. Wann sie machet den menschen fruhper an guten werken. Ist anders das der mensch got an rust umb genad, und uberwindet die widerwertikeit mit guten tugentlichen werken. Was uns aber dor zu dyn, so leß wir

---

⁷⁷ *du gingest* added in the margin

[4v] von eimem heiligen altvater der heiß Seren, zu dem kom ein iunger und fraget in, wie das zu kom das ein mensch etwen etwas gucz wolt und etwen nit. Der altvater sprach, die sele des menschen ist nit stet, und sie hot vil genegwurf. Wann das ist eigenschaft des menschen das er webeglich ist. Wie sich aber ein mensch sol vesten widen diße unstetlichkeit, das leret uns ein ander altvater mit dem namen Ysack, und spricht, wiltu kumen zu einem guten leben, so ist not das du alle zeit vestenstz dein gemut mit dem worten do mit wir all tagzeit anvohen, Deus in adiutorium meum intende etc Got sih in mein hilf, Herr eil

[5r] mir zehelfen. Diß soltu tun in allen deinen werken an dem anfank und an dem end, und solt dich auch do mit nider legen und auf sten. Du solt auch do mit slofen. Tust du diß so wiß das dir vil großer nucz do von kumen. Wann so du diße wort mit großer wegerung zu got sprichest so wegerestu hilf. So kumestu zu diemutikeit, wann du wekennest do mit das du nihtz von dir selber vermahst. Dor noch soltu wißen das vier ding sein die dir dor zu dinen, das du kumest zu rehter weißheit oder zu einen tugentlichen leben, und diße vier wil ich newr nennen von kurcz wegen. Das ester ist lieb, wann

[5v] wer lieb hat den ist nihtz zu swer. Das ander ist arbeit. wil ein mensch arbeit haben so kumt er do zu do er sust nit moht zu kumen. Das drit ist fleisch. Das vierd ist lust. Dar nach lert aristotles drew dink do mit wir kumen mugen zu tugenden. Er spricht tugent stet in dem mittal. Dor umb so mußen wir zu dem ersten tun als ein schucz der scheust zu dem zil so er aller nehst mag. also sull wir uns mit allen fleiß remen des mittels der tugent, wann zu vil ist nit die tugent zu wenig ist auch nit die tugent besunder das mittel als du merken mahst an der tugent der meßikeit. Wann do sol man weder zu wenig essen oder trinken noch zu vil. Also ist im auch

[6r] mit vil ander tugenten. Das ander ist das sich eins mer abzih von dem teil do er aller meist auf geneigt ist, also wer einer ein froß so sol er auf dem teil mer fleiß haben das er im abprech so kumt er dester e zu dem mittel der tugent. Das drit ist das sich eins hut vor den gegenwurfen die im lustig sein, welch lust dir ein ursach sein zu sunden. Ein frog wer umb wir mag geneigt sein zu poßen werken

denn zu guten. So ist diß die sach, wann die poßen werk haben etwas lustz in yn, aber die guten werk haben etwas pittrikeit wesundlich in dem anvanck. Dißer roßen gart liget gar auf einem hohen perg sull wir

[6v] dor ynnen ruen so muß wir vor gar vil geleiden, und muß uns vor gar sawr werden. Unser herr der ward wegraben auf dem olperg in dem garten. Er must aber vor gar vil geleiden. Er swiczt plutigen ~~sw~~ schweis, er wart gevangen, gepunden, fur die rihter gefurt, verspot, verspeit, gehalslaget, gegeiselt, gekrönet, velschlichen verurteit~~e~~let, ellendiglich auß gefuret, und dor nach eines pittern todes gekreucziget, und dor nach wart der herrn erst in dem garten wegraben. Das wedeutet die rwe die wir werden vinden noch unßer arbeit. Von dem lob diß garten wer gar ~~lang~~ vil[78] zu sagen und waß dor ynnen wachs. Es ~~wehsten~~ wehst[79]

[7r] in dißem garten ein[80] gar schöner roter rosen stok. In dem rosenen stok siczet unßer lieber herr selber die ewig weißheit. Auf dem roßen stok wahßen gar schone rote roßen, nit der roßen die abvallen, es sint auch nit velt roßen oder der preiten papel roßen, sunder es sint der schonen diken roßen und geben gar einin guten rauch von yn. Es wehst auch dor ynnen lilium convallium. es wahßen auch dar ynnen plob und weiß liligen. es wehst auch der ynnen salbe und rawten und sust vil edler wurcz. Nun hab wir an den garten zu pawen. Zu den ersten, das fundament diß garten ist diemutikeit. Die maur umb den garten ist gotlich vorht.

[7v] Die twr in dem garten[81] ist fleißikeit.[82] Nun was ist der rosen stok der wehst ~~ist~~ in dißem lustigen garten. Das ist gedult wann gedult kumpt auß diemutikeit. Und an dießen roten roßen stok sint sehs zweig. Das erst zweig ist gehorsam. Das ander is senftmutikeit.

---

[78] *vil* is inserted above the line as a correction for *lang*
[79] Corrected below the line
[80] *ein* is written above the line
[81] *in dē gartē* inserted above
[82] The words from '*Nun hab wir an den garten*' down to '*ist fleißikeit*' appear to be out of place here, and anticipate later passages.

Das dritte gutikeit. Das vierd parmherczikeit. Das funft freuntschaft. Das sehst frewd. Und auf iedem ast siczt ein vogel und ein ieder vogel singt sein wesunder gesask. Diße sechs zweig vinst du in dem leiden Xpi. Zu dem ersten sein rehte hant wart im fest an genagelt, das ist gehorsam. Zu dem andern mol die senftmutikeit, das ist das er gut umb ubel gab und das er allen seinen veinden vergab. Das drit das er sein linke hant lies

[8r] an nagleln, das ist das er uns gutlich enphahen wil. Das vierd das er im lies ein durnene kron in sein haubt druken do mit webeist er uns sein parmherczikeit. Das funft das er im ein nagel durch sein zwen fuß lies slahen do mit webeist er uns sein freuntschaft. Das sehst das er im ließ sein hercz auf tun das wedewt sein freud das er uns erlost hat von dem ewigen tod.

Nun heb wir an zu pawen dißen garten. So ist uns zu dem ersten mol not das wir machen ein mawr umb dißen garten und dor nach pflanczen die edeln kreuter. Wann wenn kein mawr wer umb dißen garten, so mohten die wilden tier hin ein

[8v] laufen und die edeln wolrichenden kreuter verderben. Die mawr an dißem garten ist gotlich vorht die ist ein gob und ein tugent wenn sie mit tugent we hoffnung westet und sie ist ein anvank all weißheit das mug wir merken an dißem exempel. Ein altvater leret seinem iungern wie we solt kumen zu gotlicher vorht und zu allen tugenden. Dißer altvater was ein abt uber ein große samnung. Do kom ein iungling zu im und pat umb den orden. Er wolt in nit gewern. Er lies nit ab und pat ie mer und mer. Er versagt im gar oft und det im große fins schmocheit wann er leib in oft

[9r] vor der tur ligen. Der iung lies dennoch nit ab, und do in der altvater nun wol versucht het und im vil hertikeit weberst het do mit er in wol webert het do gab er im den orden, und sprach das ich dich nit wolt aufnemen, und das es dir als gar sawr ist worden pist du zu under geselschaft pist kumen, das sol dir ein große ursach sein zu andaht und zu einem volkumen leben, und das du fleißiglich gute werk wurkest und kein zeit verleron losest werden. Und gedenk so dir unser geselschaft also gar sawr ist worden, wie saur dir noch

[9v] muß werden soltu kumen zu der geselschaft der engel und aller lieben heiligen in den ewigen leben. Er sprach ich sag dir auch mer du solt nun furpas mer tot sein der werlt und all lusten der werlt, und solt auf dich nemen das kreucz Xpi, das ist die gotlich vorht, tregstu die in deinem herczen, so ahtestu wenig der lust dißer werlt. Wann ein gekreuczigter ahtet keines lustes. Und tregstu diß kreucz do tregstu <u>Xpm</u>, verleustu aber diß kreaucz so verleustu Xpm. Dein will ist nun gepunden, wann ein getkreutczigter mag niht tun waß er wil.

[10r] Du solt nun gedenken das du wereistest dein sel niht zu dem slaf oder zu den lusten, besunder zu dem leiden und zu der widerbertikeit. So kumst du dar nach zu rw des herczen. Auß der rwe des herczen so kumstu zu versmehung der lust dißer werlt. Auß versmehung der lust kompt dir die diemutikeit. Aus der diemutikeit kumpt dir die uberwindung deines eigen willen. Auß dißer uberwindung kumpt dir die kerung von den sunden. Auß dem volget die reinikeit des herczen. Nach reinkeit des herczen kumst du zu volkumen-

[10v] heit. Noch der volkumenheit komest du in ewig leben. Also mahstu wol prufen an dißes heiligen alvaters lere wie er seinen jungern lert ~~das~~ wie er moht kumen zu einem guten leben, und das gotlich vohrt ein anfank ist aller weißheit, wann du do durch maht kumen zu vil andern tugenden. Diß exempel dinet auch einem itlichen kloster menschen wol und auch so vil mer so vil im sein kloster leben mer sawr ist worden, das du sein zeit nuczlichen und dankperlichen verzert, und vil tugent ubet und gute werk wurkt, und kein zeit ließ verloren werden. [83]

[11r][84] Nun die außlegung diß garten.[85] Nu zu dem ersten heb ich an, an der mawr zu pawen, wann ein mawr umb den garten get. Die

---

[83]   The next two pages have been erased, and are unnumbered.

[84]   Crossed out at the top of f.11r is part of a passage already recorded on f.8r: *do mit webeist er uns sein freuntschaft. Das sehst das er im ließ sein hercz auf tun das wedewt sein freud das er uns erlost hat von dem ewigen tod etc.*

[85]   This introductory sentence is also written at the top of the page.

mawr das ist die furht gotz.[86] Nun e ich gancz von der tugent sag so sult ir for etlich tugent horen. Es sint drey gotliche ~~angel~~ tugent von den vil ich nit sagen. ~~So sint vier angel tugent von den wil ich auch nit sagen.~~

[11v] Ich wil aber nun etwas sagen von den sitlichen tugent ein wenig. Nun mohst sprechen was sint tugent. es ir sagt vil von tugenden. Nun alles das der mensch gutz wurkt das heist alles sitliche tugent. Tugent ist ein zirung oder ein ~~sitlicheit~~ schiklicheit[87] des gemutz des menschen. Wann welcher mensch ein gesickt gemut hat das ist ein czeichen, das ein tuglich leben in dir ist. Nun habt ir gehört[88] was tugent sint. Nun heb ich an an der mawr zu pauen. Die mawr das is die forht

[12r] gotz. Was ist die forcht. Es ist sehserlei forcht. Zu dem ersten ein naturliche forcht, das der mensch furcht was seiner natur gesech. Die ist nit sunt noch verdinlich. Unser herr het auch die naturlich forcht do er an dem olperg pidmet und zitert geneg der marter. Die ander forht heist die menschlich forcht do sich ein mensch furht es werd im genumen das zeitlich leben, und furht den tot mer den got, also do man einem menschen wolt martern durch

[12v] des kristenlichen gelaubens willen und des mit worten nit veriehen wolt von seines lebens wegen das er das nit verlur. die forht wer totsunt. Die drit fohrt heist werntliche fohrt, wenn der mensch die unorntlich legt auf das zeitlich gut, und wenn er das welust so ist oft di forht großer denn ~~das~~ die mu und arbeit die er dar under gehabt hot do ers gewinnen hat. Die forht ise dotlich oder deglich ie der nach also sich der mensch dor ynnen verschult.

[13r] Die vierd forht heist die knehtlich forht. die ist in etlich weg streflich und in etlich nit, wann wenn ein mensch allein dinet got

---

86 The three sentences from *Nun die außlegung diß garten* to *Die mawr das ist die furht gotz* clearly belong with the discourse on the fear of God that begins at the end of f.11v.

87 Marginal correction.

88 The word *gemerkt* is given an alternative to *gehort* in the margin.

von des wegen das er in nit ewiglich peiniget, diße forht ist nit verdinlich. Wil ims aber ein mensch verdinlich machen, so muß ers muschen mit der gerehtikeit gotes, also das ym ein mensch gedenkt, lieber herr diß gut werk wil ich dir zu lob tun oder diße sund loßen von dem selbs wegen, etc. Die funft forht heist en an-

[13v]hebende forht. Die helt das mitel zwischen der knehtlichen forht und der kintlichen fohrt, und die helt das mitel das der mensch durch die forht zu got mag kumen. Die sehst heist die kintlich forht, und das ist die pest forht, wann das kint das acht oft nit der pein drum das sein vater nit er zurnt wer. also sol ein mensch alczeit got for augen haben, das er der pein nit so vast furht das got do mit erzurnt wer. Nun kum ich auf diße tugent ~~so wert diße tug~~

[14r]~~ent~~. so wert diße tugent gerumpt und erhaben und gelobt uber vil ander tugent. Wann in dem das wir got furhten so wirt diße tugent gelobt in funfezherlei weiß fur ander tugent. Zu dem ersten wirt sy pringt und erwirht dem menschen die gnad gottes. Wann es spricht sant bernhardus das nit kreftiger ist zu erwerben dem menschen ~~denn~~ die gnad gottes, und die zu wehalten

[14v] ~~durch~~ den[89] die forht gottes. Czu den andern so enspringt auß der gnad gottes das der mensch gereinigt wirt von seinen sunden. wann[90] die forht des herren treibt auß die sunt. Czu dem dritten mol wenn nun der mensch gereinigt ~~ist~~ wirt so enspringt dor auß das sy erleuht die sel des menschen. Zu den vierden wen nu der mensch erleuht ist in siener sel so enspringt dor auß das sy dem menschen weißheit pringt. Wann die forht des herren pringt dem

[15r] menschen weißheit das ein mensch wekent wie er sich vor sunten huten sol. Zu dem funften mol so enspringt auß der wießheit das sich der mensch hut und webart vor zukunstigen sunden. wann sy ist ein huterin und webarerin der tugent in dem menschen. Als ein feste mawr das der poß veint eins nit also anfehten kan als sust. wann als ein feste mawr umb den garten get das die swein nit dor

---

[89] The correction *den* is written above ~~durch~~.
[90] A marginal note adds: *alßo stath geschriben ecclesiatici*

ein kumen und die e edeln wurcz abeßen und den garten zu ruden. Also

[15v] sol ein sel auch stark und fest sein in der vorht gotz das sy sich die anvehtung nit uberwinden los. Nun diße funf stuk sint nu funf klastern die den ist die dick diser mewr und das fundament ~~und prest diß garten~~. Nun diße mawr wirt hoh auf gepaut. Sy ist zehen klastern hoh als ir nun her noch wert horen. Zu dem ersten das der mensch mag nun tugentliche werk wurken. Das das wor sey das weber ich dir auß der geshcrift. Wann es stet gesriben wer der ist der got furht der wirt

[16r] gute werck wurken, und wer der ist der got furht der versaumpt nihtz gutz. Zu den andern und die ander klaster das di forht pringt den menschen, das ist nun hofnung, ~~und aus der~~ wan nach togenlicher wurkunge ßo wolgeth hofnung[91] und die zuversicht ~~aus~~ czu[92] der parmherczikeit gotz. Zu dem driten das sy hot oder pringt dem menschen freud. Wann also stat geschriben wer do hot die forht gotz der wert haben freud und hoffning an seinem leczten ~~d~~ end. Zu dem vierden kumpt nun dem menschen von der forht sußikeit, die kumpt nun auß der freud, wann es

[16v] kumpt ie eines auß den andern. Wann also stet geschriben, O herre wie gar groß ist die meng deiner sußtikeit die du host verporden den sie dich sint furhten. Die funft klaster heist die sterck das ist das eins stark ~~ist~~ wirt in guten werken. und das volkt aus der sußtikeit. wer nun got furht der wirt haben ein zuversiht zo got. Zu dem sehsten das dem menschen dar auß kempt gekorsam. Wann es stet geschriben wer got furht der selbig wort wehalten die gepot gotes. gregorius wer got ist furhten der ist niht uber gan in kein weiß die

[17r] dinck die zu tun sint. Zu dem sibenden kumpt nun auß ger gehorsam das der mensch erhabt wirt uber vil ander menschen

---

[91] A marginal note replaces ~~und aus der~~ with *wan nach togenlicher wurkunge ßo wolgeth*

[92] The correction *czu* is written above ~~aus~~.

Johann Herolt OP

die der tugent der forht gotes nit haben. das das wan sey so magst
mercken in dem do also stet geschriben, O wie groß ist den der do
hat wießheit kunst. Es stet mer geschriben wie groß ist der das do
hot dis forht gotes. zu dem ahten das sy den menschen peßer macht
for got den vil ander die der vorht nit haben. Es stet geschriben das
der mensch der got furht ist peßer den ander tawsent die got nit

[17v] furhten. zu de newnden si gibt der menschen des segen gottes
an seinem leczten end. Es stet geschriben ieder mensch der statt in
der vorht gotz der segen gotz wort im geben wenn sein sel von hinen
sol scheiden. Zu dem zehenden sy macht den menschen selig. Es
stet geschriben seilg ist der der forhtsam ist. aber der eines herten
herczen ist der wirt fallen in groß scheden. Es stet mer[93] geschriben
selig ist der der die vorht gotz hot, und selig ist die sel die do hot die
vorht gottes, und wer nun die vorht gottes hot der wirt selig, wann
wer die vorht gottes nit hot nit diemu-

[18r] tikeit noch reinikeit noch lieb noch korsam. Nun habt ir gehort
von dißer tugent, und von der mawr wie prei und wie hoh und wie di
lank sy sey etc. Wie du nun solt kunen zy dißer tugent das wirtu nun
horen, wann ir habt wol gehort das adel und lob dißer tugent. Zu dem
ersten sol dich der zu zihen die heilig geschrift das wir sullen got
furhten. so stet geschriben du solt[94] fuhrten got deinen herren. Mer
stet geschriben deutronomy[95], du wirst vurhten got deinen herren.
Und sust in mangerlei weis stet geschriben.

[18v] in der geschift das wir got sullen vuhrten. Zu den driten[96] sol
dich vermanen zu der vorht gottes zu dem ersten gotliche genad die
du hast, hast du ir aber nit gotliche genad so soltu sy gewinen auß
der vorht gottes. Es spricht sant paulus wir mugen nihtes von uns
haben, wann was hastu das du nit hast enphangen[97] von got. Das
ander das dich dar zu sol vermanen wann wir nit wißen in undern

---

[93] *mer* is inserted above
[94] *solt* is inserted above
[95] The *r* in *deutronomy* is inserted above
[96] Point two in this list is misnumbered *driten*.
[97] An almost illegible correction has inserted an *n* in *enphangen*

82

werken ob sy got genem sit oder nit, und ob sy vermuscht sint ~~oder~~
~~nit~~ das sy got gevelig sint. <u>Gregorius</u> spricht unsre werk sinc-

[19r] ken vor got die uns gar gut und gereht dunken. Zu dem driten
wann der mensch weiß nit wie sein end wird werden. Wann wir
wißen nit ob wir sterben in der genad gottes oder in der veintschaft
gottes. Dor umb sullen wir und pillichen furhten. Zu dem vierden so
sol dich der zu ziehen die gerehtikeit gotes. sih an lucifer wie pald der
von himel view. sich an die stet sodama und gamorre und die andern
die verdurben von irer sunden wegen. wann wie parrmherczig ist, so
erzeigt got nymer sein

[19v] parmherczikeit er erzeigt[98] auch do mit sein gerehtikeit, noch
nymer sein gerechtikeit er erczeigt auch do mit sein parmherczikeit.
Zu dem funften sol dich dor zu zihen die großen pein die den
menschen volgt noch den sunden. wann du must solche große pein
leiden umb die mynsten sund in dem fegfeur. O wie groß ist den die
pein in der hell die ewiglich werd und nymer kein end hat. ~~wir~~ es sol
auch ein mensch die vohrt gotes alweg vor augen haben. des leben
wir ein exempel in der wibel von einer

[20r] frawen die hieß susanna. Die was reich und schon. Die ging
alltag in einen garten sich zu salben und zu kullen. Das merkten
zwen rihter und sickten sich der zu das si auch in den garten komen.
wer di tur aber wol webart gewest, so mohten si nit in den garten
sein kumen. Sy komen zu ir und wegerten unzimlicher ding von ir.
sy sprach angst und not hot mich umb geben. Wann du ich ewren
willen so vall ich in den zorn gottes. Du ich in nit so vall ich in ewr
hend. Doch ist peßer ich fall in ewren zorn, denn in den zorn

[20v] gottes. Dor zu proht sie die vorht gottes, und dor noch verluren
die zwen ir leben und sy weleib pey dem leben. Nun habt ir gehort
wie preit und hoh und dik die mawr sey, und es ist not das die mawr
sey hoh und preit und dick, wann wir wil anfehtung haben den leip
die werlt und dem poßen geist. Nun wert ir horen von der tur die do
ist an dem garten, das ist die tur die do ist an der mawr die genant ist

---

[98] The *er* in *erzeigt* is inserted above

diligencia, das ist fleiß wann der fleiß kumpt auß der vorht gottes. Nun

[21r] merk was fleiß sey es ist mangerlei fleiß. Es ist fleiß zu den poßn werken und fleiß zu den guten wercken. Der fleiß man hot zu den poßn wercken der ist schedlich. Der ist auch mangerlei. Ein ander fleiß ist den man hot in guten wercken der ist loblich. Wann kein gut werck wirt volproht es sey fleiß do pey, wann wie mag man gute werck tun es sey denn fleiß do pey. Was ist dißer volkumener fleiß der ist diligencia ein stetliches umb sehen und ein andehtig auf merken

[21v] der werck di sulln volproht werden, und das er merck wenn das werck fol vohproht werden mit fleiß. So gehoren dißer vier sucklein der zu. Das erst das du gedenkest[99] wer der ist dem das werk zu gehort das ist got. Zu dem andern das du gedenkest ob das werk poß oder gut sey. Zu dem dritten das du gedenkest ob du in tod sunden seyt oder in teglichen sunden. zu dem vierden das du gedenkst zu welcher zeit du das werk volbringen wolst, und wenn du seine werck also volbringest,

[22r] so soltu ein hoffen haben deine werk sint got genem. Nun habt ir gehort was zu dem fleiß gehort. Das ander ist nun vor ynnen gelobt und gerumpt vert der fleiß und sein forht. Zu dem ersten der fleiß macht die werck des menschen got angenem das ist die preit und dick der tur. Wann als dick sy ist ~~alle~~ als preit ist sy, und as preit sy ist as dick ist sy, wann die twr ist eng, wann die feisten und großen menschen kunnen nit gen in den garten. Welches sint die versten und großen menschen, das sint die die ires leibslust genunck sint in allen

[22v] zietlichen dingen. So[100] wollen si aber durch diß x eng durlein gen, so mußen sy mager und wesinten werden durch einen vehten fleiß. Wann got siht nit an das werk sunder den fleiß der do ist in dem werk. Es stet geschriben deutronomy das do gut ist das sult ir

---

[99] The *ge* in *gedenkest* is inserted above.
[100] An almost illegible word, probably *so*, is inserted above.

wol und zimlich volbringen. Es spricht sant paulus ich will lieber reden funf wort mit fleiß und aufmerkung der vernunst, denn sust mit tausent wort mit unaufmerkung der vernunst. Do meint er ein klein werk zu tun mit fleiß sey peßer denn ein groß mit unfleiß. Also stet auch

[23r] gescriben sapientie, es sprincht der geist gotz fleuh die dink die do sint unverstentnung, das heist ein ding unverstentnung als wenn einem ein ding suntlich ding zu vielleicht und das wekent nit der vernunft und das nit außtreibt so fleuht der geist gotz von im. Es spricht bernhardus es sint vil die uben den dinst gotz mit dem mund, aber das hercz ist etwas auf dem marck oder anderswo. Es sol aber in dem herczen gehandlelt werden das ser munt sagt in dem dienst gotz. Dor umb spricht bernhardus dar yumb so, wirt der munt und der leip lignen in der pein der hell. Und also nym man ein gleichnis pey

[23v] einem quaderstein der viereket ist, also ist diß turlein eins schuß dick und eins schuß prait das ist das unser werk got genen sint die mit fleiß weselchen wesechen.[101] Zu dem andern wirt der fleiß gelobt wann er pringt dem menschen verstentnung. Er pringt dem menschen das er wekent got und sich selver und das werk das er tut. Also hoh ist diß turlein wann es ist newr dreier schuch hoh. wir werden auch sust oft vermant in der geschrift wie wir sullen kumen zu fleiß. Senica speicht auch das der fleiß erlaubt die werk die do vinster sint.

[24r][102] Nun gehort dar zu das wher nun die twr anhenken. Und die wol versperren das nit in dem garten gen die schwein und abfreßen die edlin wurcz di den sten in dem garten. das sunst constancia das

---

[101] The words from *Und also nym man ein gleichnis pey einem quaderstein der viereket ist . . .* to *. . . die mit fleiß weselchen wesechen* appear misplaced and belong on folio 22v above.

[102] This page of the manuscript and several following pages appear to have been written on sheets from which existing text has been imperfectly erased.

Johann Herolt OP

folgt nach dem fleiß, das ist stetikeit [103] und weharung in guten werken pis an das end. So spricht ein lerer kein werk wirt loblich gesprechen denn mit stetikeit. Das sint die eysnen pant do di twr wirt anhanggehenkt. Dor noch kort dor zu das di twr wol verspert sey und auch webart mit einem huter. Das ist vigilancia das der mensch munter wirt,

[24v] und das[104] kumpt nun auß fleißigkeit. Wann das wirt webert in mangerley weiß in den gescrift. Wann gedenk das du armer mensch nit slofen gest und in sunden finden werst. Nun auf dißem durlein auf ser mawr siczt ein storch der is ein huter dißes turleins. Der hot die eigenschaft an ym. Au dem ersten ein storch ist gar munder des nahtes. Er mag leibt etwas horen fo stet er auf wann er hot sorg umb seine kint. Hoter er denn ihts so snatert er das man hor das er wach. also sull wir auch des gartens wol war nemen das der poß

[25r][105] nit kum und uns die edelen roßen nit ab prech. Und dar um wan wir sinth horen wer das enphindikeit dy anfectungen, szo schullen wir hald uff pay und unß der geist das wir nit slaffen sundern das wir wachen und abungen gutten werke.[106]. Zu den andern szo get hor geringeß verme yn den nestht und yst pey her obe ob hor ichtß mochte sehen an ger gehort hath alßo schalt du auch thun, wann du schult geringst verme gan uff der munir der garten fuz uß yn der gottlich vohrt stettichlich und alßo machstu auch fleihen vor alle schedlichkeit. Zu den dritten[107] so want er gern auf den heußern der menschen pey den leuten. also ~~must~~ schachst[108] du auch tun ~~wiltu~~ ~~dißen garten ebenen webaren so mustu munder sein. Es sint etlich~~ ~~menschen den man als hart muß klopfen die als gar hert und weg~~ ~~sint in iren sunden weder die menschen die fleißig sint.~~ Gern wonen

---

[103] A later hand has written *bestendikeit* in the margin.
[104] *das* is inserted above
[105] f 25r is a confused manuscript, on which a third of the original text has been crossed out, and replaced with text in a different hand in the top, right hand, and bottom margins.
[106] This sentence added in the upper margin.
[107] This addition inserted in the bottom margin.
[108] This correction inserted above

tzy den menschen dy do pynth eynß guten exempel, kurtz pinth yr exempel und hilff szo machßtu ganz sy haß hoh in gen dy gern ge diy garten.[109] So mohst nun[110] sprechen wie mag ich zu dem fleiß kumen. Der zu werden wir vermant auß der heiligen geschrist. zu dem ersten stet geschriben deutronomy do solt lugn und sehen das do seist gar fleißig,

[25v] und not vergeßest deines herzen. Zu dem andern, volltu nit in sint vallen,[111] so stat geschriben deutronomy, du solt großen fleiß haben das du nit fallest in außfeczikeit, das ist in ein sundliches leben. zu dem dritten stet geschriben exodi mit großen fleiß soltu opfern dein opfer, und dein opfer sol sein lauter vein und clar. also wenn du deine werk tust als du solt do sint deine werkt unvermuscht. Auch zu fleiß werd wir vermant durch die heidenischen magister. Es spricht cato du solt fleiß tun zu allen deinen werken. so moht wir wol ein ebenpild

[26r] nemen von den unvermustigen tieren die ir speis fleißiglich suchen und ir junge versehen. Es spricht Senica ein mensch sol sich schemen das er mynner fleiß hot denn ein unvermustig tier. Wir sullen allen unfleiß auß treiben, wann do der mensch ist fleißig do ist er nit unfleißig, und do er unfleißig ist do ist er nit fleißig. Also habt ir gehort von der mawr und von der twr die do[112] get in die mawr. Nun hostu gehort von den fleiß, so her nun was denn ist wider den fleiß. Zu dem ersten ist wider den fleiß ein poßheit die ist nun der unfleiß, und

[26v] macht unsauber und gepresten hast unsre werck. Aber auß dißem unfleiß kumet dem menschen gar wil schaden. Es stet geschriben esdre ir sult lugen und sehen das ir ewre werk nit volbringt mit unfleiß. Es stet auch geschriben spricht sant[113] paulus e spricht er das ir nit unfleißig seit zu erwerben die genad gotz. gleicher weiß

---

[109] This sentence added in the right hand margin.
[110] The word *nun* is inserted above
[111] *volltu nit in sint vallen* added in the top margin
[112] *do* is inserted above
[113] The correction *spricht sant* is written in the margin

als der fleiß pringt die gnad, also verleust unfleiß die genad. So stet geschriben sapiencie, wer der ist der versaumpt sein weg und unfleiß hat ein[114] sein weg der wirt getot. Es stet geschriben numeri, durch

[27r] wen unfleiß haben sy uber treten und uber gengen die gepot gottes. Also hast du[115] nun etlich vermanung von dem unfleiß. Des lessen wir auch ein exempel von einem altvater der lange zeit in der wustern was gewesen und sich lang geubet het in guten werken. des uberhub er sich in ym und gedoht es wer zimlich das er praucht der sperß der engel, wann in dauhter furt mer in englisch leben denn ein menschliches. Nun got der nihtz ungesunt[116] let, der sickt im all tag ein prot wedekt mit einem aschlach, das vant er und frewd sich des, das er furpas nit also sorgfeltig dorst sein umb sein narung, und

[27v], also was er hinleßig ie lenger iemer in guten werken. also stundern in ym auf unrein gedenk die kumensten in, aber die alt gewenheit zoh in wider zu guten werken etlich zeit. also kom er dar nach dar zu das er lust gewon in dem gedencken und das er als unfleißig was. Das im doch ein swarcz prot wart gesant, und an dem andern tag was es noch swarczer, und an dem dritten tag was er gar swarcz und gar ungesmach, noch wekant er sein sunt nit durch dem unfleiß den er het, und doht wie er wider in die werlt wold gen. Do er hin ging so furkam under herr das er irr ward in dem

[28r] wald, und kom zu andern prudern die heten in fur einem heiligen altvater und huben an zu peten. Dor noch speisten sy in, dor noch baten sy in das er in etwas von got sagt. dor noch lert er sie gar gute dink von volkumenheit, do wart er in sich selber geslagen, und gedoht[117] du armer menschen du lerst ander leut und pist selber kumen von dem weg der warheit. Und kert wider in sein zellen, und hub an und weint, und wolt nit aufheren zu weinen, denn es wor das im got sein sund vergeb. do sant ym under herr

---

[114] *ein* is inserted in the margin
[115] *du* is inserted above the line
[116] The *ge* in *ungesunt* is instered above the live
[117] *er* inserted above the line

[28v] em engel, den speech gleicher weiß, als du iczunt pist fleißig geweßen durch gewonheit guten werk, das hat got angesehen, und hot dir all dein sund vergeben. das macht der fleiß den er het. [46v] Und habt ir gehort ~~da~~ was die mawr ist das ist der fleiß. Nun wenn denn ~~alls~~ also die mawr ist wereit und die twr der an. So heb nun an zu dem ersten und mach das fundament, das ist diemutikeit. ~~Wann asl fleiß kumpt auß der vorht und auf der vorht kumpt der fleiß, der lest nihtz und wegen~~ was ist diemutikeit. Es ist mangerlei diemutikeit. Zu dem

[29r] ersten heist eine ein gedihte diemutikeit die er zeigen sich von außen[118] sam sie diemutig sint aber nit also in irem herczen. Es stet geschriben die außern zeichen geben urteil wie der mensch von ynnen gestalt ist, wenn du dich nun anderst derzeigst von außern den du von ynnen pist, so ist iczunt ein falsche und strefliche diemutikeit in dir. Die ander heist ein ware diemutikeit, das ist wenn das mensch das in seinem herczen hot das er von außen enzeight. Es stet geschriben <u>mathey</u> lernt von mir ich pin ~~diemutig~~ milde[119] und eines diemutigen herczen. Das drit ist ein volkumene diemutikeit, das der mensch sich under wunst seinem obernen,

[29v] und underwurst sich den dein geleich sint, und auch den die ~~im ge~~ under im sint. Es stet geschriben <u>mathei</u> also zimpt uns zu wolbringen alle gerechtikeit, das ist wolbringen diemutikeit.[120] Xps hot auch diße diemutikeit volkumenlich gehabt. Zu dem vierden ist ein andre diemutikeit die stet in der wekentnuß das sit wenn der mensch auf nimpt die wekentnus und glaubt der warheit und let sich underweißen wo ~~sy~~ her irret.[121] Dir funft diemutikeit ist ein wegirlicheit das ist ein wekentnuß das er hab wegird das er nit uber haben werd uber andre menschen,

---

[118] von außen inserted in the margin
[119] Correction in the margin by another hand
[120] The words *gerechtikeit, das is wolbringen* are added in the margin an another hand
[121] Marginal correction.

[30r] als do einer wegert erhlicher ampt. Was ist diemutikeit spricht augustinus es ist ein außmerkung der eigenschaft der menschen und unvolkomenheit selber,[122] und anseh die volkumenheit seins schopfers und seine herren der yn erschaffen hat, und der mensch der sich williglich demutigt niedrigent[123] pist auf dem grunt. Sant peter spricht ich wil mich ir schol sich[124] under werfn aln creaturen. Von dießer diemutikeit fint man vil geschriben in der heiligen geschrift. Es stet auch geschriben under die gewaltigen hant gotes. Abraham spricht was pin ich anders

[30v] denn ein asch stet geschriben micheas der prophet, e spricht er du solt ansehen das mittel. Was ist das mittel. Das ist der leichnam seiner natur das der ist vol unfletikeit und post gemacht von asch und erd. Wenn wir auch ansehen die volkumen heit gottes, das solt uns aber abziehen zu diemutikeit. bernhardus spricht demutikeit ist ein were bekennuß das er sich selber vermacht und vernihtet. Was ist nun die tief und preit dis fundamentz diß garten. das ist die gnad gottes, die fleut nu auß der diemutikeit, wann die diemutikeit is wereit zu enph-

[31r] ohen die gotlich gnad. Dor noch wirt diemutikeit gelept und gerumpt. als do vil ertrichs ist do ist vil fruhtikeit do wehst gute fruht. Also ist die diemutikeit die gnad gotz pringen. Nun soltu merken wie tief diß fundament ist, und als tief es ist als preit ist es. Es ist zwolf klostern tief, wann so mugen die pawren vest stan in dem tiefen ertrich. Und pey ieglicher klostern und grat dißer tugent der diemutikeit soltu auch versten einen edlen stein der auch zwolf sint als johannes weschreibt. Die erst kloster und der erst grat in dißem fundament das ist das der mensch wekent in seinen herczen und in seinen mund, das sit das er erzieg ditmuti-

[31v] keit in allen seinen werken. Es spricht auch paulus mit aller diemutikeit sull wir got dienen. Hostu nu diße diemutikeit so mahstu

---

[122] The correction *und unvolkomenhiet selber* is made in the margin in another hand

[123] A correction in another hand substitutes *niedrigent* for *diemutigt*

[124] This marginal correction is in another hand

dester pas ~~got dienen~~ gute werk volbringen. Und das ist der underst grad und wenn du den grat an dir hast so pistu noch under dem ertrich. Und dißem grat wirt gegleicht ein edler stein der heist iaspis, der hot die eigenschaft an ym wenn in die swangern frawen pey in haben das sy dester e ir fruht gweinen. Wann hastu nun diemutikeit so mahtsu dester pas gute werk gewurken. der ander grat ist das sich der mensch snador dunk denn vil ander menschen, und der folgt auß dem ersten, wann du must umer

[32r] auf steigen von einen zu den andern uncz das du auf das ertrich kumst. Nun moht ein mensch sprechen wie mag eines von ym halten das er der post mensch sey. Das werantwart unser heiliger lerer sant thomas und vil ander lerer secundam secundem. Wann alles das der mensch hot das ist nit sein wie mag er sich denn etwas scheczen. Es mag auch der mensch von ym halten das er der sneczt sey. Zu dem ersten in dem das er ansiht sein eigen eigenschaft das er gemecht ist von nihte. Zu dem andern magstu merken in dem wenn du wilt ansehen die verporgen ding eines andern menschen du nit weist wie er von ynnen ist, wann er mag

[32v] in ym etwas gutz haben das du nit host, wann ist einer hewt ein tod sunder so mag er morgen gereht sein. Zu dem dritten so merk es in dem das su wol magst halten das su der post mensch seist, wann hastu graße wegird zu got so wekenst du dich dester paß und seheczest dein gepresten großer denn aller menschen gepresten. So sint ander sach zwu oder drey laß ich iczunt under wegen. Nun dießen grat und dieße tugent *a* mahstu nun merken pey dißem andern stein, der genant ist ein saphir, der hot die eigenschaft an ym, wo er wehst do wehst auch gern das golt. dißer stein hot die kraft, das er

[33r] erleuht die verstentnuß des menschen, wann dießer grat hat auch das verstentnuß der vernunst das der mensch erleubt wirt in der sel und das volgt auß dem ersten grat, wann es volgt ie emer auß den andern und wir mußen umer auf gen piß wir auf das ertrich kumen. Der drit grat ist das du dich wirt scheczen was du tust, das das nihtest wert sey. Nu sihstu dißer grad wird nun gegleich dem dritten edlen stein der wart genant calcedonia, der hot die eigenschat das er gern

wehst wo es gern regent. gleicher weiß dißer grad der diemutikeit
weht von der gottlichen gnad. Es stet geschriben ecclesiastciy, du

[33v] must vast diemutig sein woltu kumen zu dießem grat. Der
vierd grat oder die vierd kloster diß fundamencz ist ~~das der mensch
wekent sein gepresten, und die mit dem mund auß sprach,~~ wenn
man dich strost das du es wekennest und gern auf nymst, ~~und lust
hast deinen eign willen zu uber winden.~~ Dem wirt gleicht ein edlen
stein heist smaragdus, der hot die kraft ist auch das er sy not verlorn
hat, wann etlich stein verlißen ir kraft wenn man sy pring von der
stat do sy gewahsen sint. Der mensch der in pey im tregt, so wurkt
er das er die uberflußikeit vertreibt[125] von dem menschen. Also das
vierd grad wurkt das den menschen

[34r] fantesey und unordenlicheit hin weg wirt genumen das pringt
als die diemutikeit. Der funft grad das ist das eines seinen willen
uber wint gen seinen obern, und nit lust hat in seinen willen den zu
volbrungen wider got, und das er nit wegen uber ander menschen
zu sein. Diß tugent wirt gleich dem ~~anderen~~ funfsten edlen stein das
heist sardonix, der hot die kraft das er macht den menschen gutig.
Also diße tugent macht den menschen ~~diemutig~~ auch gutig.[126] Zu
dem sehsten das ~~so~~ du nun kumest est zu gehorsam[127]. das volgt auß
dem funften das du deinen eigen willen uber wintzt, wann es volgt
ie eines auß dem andern. Und diße ~~tugent~~ grad[128]

[34v]wirt gleicht einem edlen stein der heist ~~der heist~~ sardius.
Nun steig wir auf das wir kumen zu dem sibenden das ist rehte
gedult was man ym auf lagt das dut er gern und ist auch gedultig
in widerwertikeit. Und dißer grat wirt gleicht einem edlen stein
also <u>johannes</u> schreibt der heist crisolitus, der hot die eigenschaft
wenn man ein primende kercz dar an habt so wirt er enzunt. Also
wer die diemutikeit hat was im den wider vort das nympt er alweg
gedultiglich auß. Zu den ehten volgt nun der auß das ser mensch

---

[125] The *ver* in *vertreibt* is added above the line
[126] The correction *auch gutig* is made by another hand
[127] The *ge* in *gehorsam* is inserted above the line
[128] This correction in another hand

nit vil wort red, redet er aber so ret er mit wedohten mut, und ret vernustiglich, aber der hoffertig ret hoffertiglich,

[35r] das er gefrogt wirt. Und dißem grad ~~tugent~~ wirt gleich ein edlen stein das heist topasius, der hot vil kraft an ym, sunder hot er eine das er treibt die unsinikeit von den menschen. Gleicher weiß diße tugent nympt von den menschen zornlichkeit und unvorsichikeit[129] und ~~in~~ ander untugent, und auch das er nit leihtvortig ist, und wesunder mit den lachen. Zum dem newnde ist ein edler stein der heist berillus, der hot die kraft das er den menschen erwirdig macht. Also dißer grat halt das der mensch erwirdig wirt in seinen perden und wandel. Zu dem zehenden volgt und dar auß das er die ding volbringt die er schuldig ist und zu den er verpunden ist. Und diße tugent wirt gleich einem ~~d~~ edlen

[35v] stein das heist crisopassus der hot vil tugent. Er gibt des nahtz so gibt er belerer liht den des tags. solche menschen die die tugent haben die leuhten von ynnen mer denn von außen, wann si wollen ir lob nit auß spechen. Zu dem elfsten das die diemutikeit pringt was eine schuldig ist zu halten. Diße tugent wirt gleicht einem edlen stein als <u>johannes</u> sreibt der heist iacintus, wecher mensch den pey im hot, so vertreibt er den poßen lust. Also diße diemutikeit pringt dem menschen einikeit das er mit einem ieglichen wol mag außkumen. Der zwelft grat oder di zwelft kloster diß fundamencz folgt nun

[36r] der noch das der frewd und lieb und lust hot die dink zu volbringen die man in haist, und das er auch gern leid durch got. Diße tugent wirt auch gleciht zu dem zwelsten edlen stein, wirt genant ametistus, der hat die kraft under vil andern kreften das er den menschen waker macht. Also hostu diße diemutikeit, so hastu auch das er lieb gewint zu guten werken, und wereit ist gute werk zu tun. Und wenn du also diße tugent der diemutikeit an dir hast, und also auf pist gestigen ie von einer zu der andern, wann ie eine enspringt auß dem andern, so stestu den oben auf dem

---

[129] *und unvorsichikeit* is added in the margin by another hand

[36v] ertrich. Und also hast du die hoh diß fundamentz. Nun werd
ir noch mer heren von dißer diemutikeit das sy wirt noch mer gelobt
in zwelferley weiß uber ander tugent, und das ist denn die preit diß
fundamencz, wann als hoh es ist als preit ist es. Zu dem ersten sy
fleuht das lob sam der kaufman den rawber, auch sy fleuht das lob
sam das fewr. Es sreibt gregorius es sint vil menschen die lobs nit
wegern, lobt man sy aber so flihen sy es nit. Also mahstu merken ein
diemutigen menschen, ab er gern seh das man in lob, und auch ab er
das lob flith. Got sull wir loben den kort lob zu.

[37r] Zu dem andern so pringt und erwirkt sie[130] dem menschen das
er got erkennen wirt. Und das volgt denn auß dem ersten, wann
es volgt ie eines auß dem andern. So spricht der prophet david in
unser diemutikeit hot got unser gedoht. Zu dem dritten sy macht
den menschen angenem got dem herren. Es stet geschriben mein
peumlein hot guten rauch von im geben. Also gebn die diemutikeit
von in dem guten rauch. Zu dem vierden sy pringt dem menschen
das er nit versmeht wirt von got, das das wor sey das weber ich durch
dem propheten davit, memor fuit nostri in humilitate nostra, got

[37v] ist unser gedohtig geweßen in unser diemutikeit. Zu dem
funften das der menschen erledigt und wehnt wirt durch diemutikeit.
Es spricht david ich pin diemutig drum hot mich got erlost. Wann
got der wehnt in das er nit ertot wart von dem kunig saul. Die
diemutikiet webart den menschen vor vil ubel. Zu dem sehsten das
dir nun kumpt auß diemutikeit das ist der mensch erhaben wirt. Und
das kumpt denn auß den funften, das das wor sey. so stet geschriben
in dem evangeli matthei wer der ist der sich diemutig der wirt erhoht.
Also

[38r] spricht ~~theronimus~~ ieronimus[131] von einer frauen his paula die
diemutigt sich gar vast und ie mer wart sy erhaben. Es spricht der
prophet y iob, das die diemutikeit den menschen vast erhoht. Zu
dem sibenden so macht die diemutikeit das des menschen gepet
erhort wirt. Es stet geschriben in dem propheten david, du host

---

[130] *sie* is inserted above the line
[131] This correction made in the margin above

angesehen das gepot der diemutigen und host das nit versmeht. Es stet geschriben ecclesiaticy, das gepet der diemutigen menschen durch dringt die wolken und steigt fur got. Zu dem ahten sy pringt dem menschen ein scheulich leben. so lert der mensch

[38v] erkennen got und sich selber, und sein gepresten dor auß mahst zihen, das diemutikeit dint zu einem scheulichen leben. Zu dem newn den sy pringt dem menschen selikeit. Es[132] stet geschriben davit du wirst selig machen das diemutig volk. Zu dem zehenden sy pringt dem menschen gotlich torheit. Es spricht sant <u>paulus</u> wir wern dorn gescheczt durch Xp̄ī willen. Es mag der mensch gern doret gescheczt worn das er weiß vor got werd. Des mug wir nemen ein exempel von einem geistlichen person, die aß was man von dem schusseln spult, und die an-

[39r] dern hiltn sy fur einen doreten menschen. das wart einen altvater geoffenwart das sy gleichen lon mit im solt haben. Der kem und frogt nach ir. Und also ward man ymmen das sy ein frumer seliger mensch was. Zu dem eilsten pringt sy dem menschen sicherheit. Es spricht <u>augustinus</u> was ist sichers denn das ertrich. dor umb diemutikeit pringt dem menschen große sicherheit, wenn wer diemutig ist der mag nit valn, als wenig einer durch das ertrich mag gevallen. Zu dem zwelften so pringt sy dem menschen ewige glori. es[133] stet deschriben iob, ~~der mensch~~

[39v] der mensch der sich hie[134] demutigt wirt kumen in der ewigen glori. Also hostu nun zwelf stuk in dem gelobt wirt die diemutikeit, und also host du[135] wie preit und dik diß fundament ist. Nun seint ein moln das diemutikeit als ein edle tugent ist, so solt wir uns pillichen diemutigen, auch werd wir vermant ~~auch~~ aus der heiligen gesrift ecclesasticy, wie groß wir seind so sull wir uns diemutigen. auch sol uns vermanen das exempel Xp̄ī und <u>maria</u> unde der lieben heiligen

---

[132] *Es* is inserted above the line
[133] *es* is inserted above the line
[134] *hie* is inserted above the line
[135] *du* is inserted above the line

spricht <u>berhardus</u> wie groß ist das zu wundern, wie groß ist sich das
zu schemen, das

[40r] wir heffartig sint so wir haben ein demutigen herren. Nun das
exempel Xp̄ ist weit außgepreit, wann er wolt geporn wern in einem
armen stellein, er wusch den jungern sie fuß. nym als sein leben fur
dich so vinst du eitel diemutikeit in seinem leben. und sih auch an
die muter gotz wie demutig sy ist geweßen. Als sy selber spricht,
er hot angesehen die diemutikeit¹³⁶ seiner dirn. Das hab ich auch
geleßen ein exempel in dem puch der altvater von einem heiligen
vat der¹³⁷ hiß pinufius, der was gar diemutig, das sich auch sol zihen
zu diemu-

[40v] tikeit der waß ein heiligen apt. nun dunk in er moht nit pleiben
pey rehter diemutikeit von der ewe wegen die im erpoten ward, und
er gedoht wie er sein diemutikeit moht wehalten, und gedoht das
er von dem kloster kom und macht sich auf, und legt ein werntlich
kleit uber den scapler und kom zu einem kloster do im nymant kent,
und pat das man im den orden geb.¹³⁸ nun sy versuchten in lang, dor
nach legten sie im den orden an und wefahlen im gar snode ampt,
und wefalen im auch einen garten das er must myst tragen, und vil
vermehrer erbeit must tun, die det er mit goßen freuden, und

[41r] det mer der er solt tun. Nun die pruder suchten in und komem
zu dem kloster do er er innen was, aber sy wekanten sein nit denn
hinden nach wekanten sy in an der red, do viln sy fur in nider, do
strosten sy die andern drum und sprachen er wer ein einveltiger man
und wer ein novicz. Do sprachen sy wir kunnen euch nit gesagen
von einen noviczen, er ist apt in underm kloster geweßen. do sy das
horten do vilen sy dur in nider. do namen in die pruder und furten
wider heim in ir kloster, und erpreuten im noch mer ere denn vor.
das was im leit das in der poß geist vermelt het, wenn er gab

---

¹³⁶ The middle *i* in *diemutikeit* is inserted above the line
¹³⁷ *der* is inserted above the line
¹³⁸ *geb* is inserted in the margin

[41v] den poßen geist die schult, und stunt aber auf und macht sich auß dem kloster und kam an die stat do Xp̄s̄ geporn wart und kam aber in ein kloster, und det aber gar vermeht arbeit. do vanden sy in aber, do gedoht er es ist gotz will das ich hie beleib und sein pruder weswuren in das er pey in welib, und also verzert er furpas sein leben in dem kloster in rehter diemutikeit.

N un her noch werd ir horen von dem stamen dißes roßenstoks der denn ist in dißem garten. Nun der roßen stok ist gedult. Es ist mangerley gedult. Zu dem ersten ist ein gedult der unenpfintlicheit.

[42r] Des nym ein geleichnuß. Wann ein pawr oder hantwerkman der gewint durch seiner arbeit gewohnheit willen grab hend, wann er oft mag dorn und distel an ruren oder ander grab dink, solt das einer mit zarten henden tun und der des not gewont het er moht oft sein plut vergißen. Des geleichen ein koch der gewant hat das er die hießen hefen hin und her seczt do von wern im sein hend hert und gewant dor hicz, solt das ein zarter mensch tun[139] und der sein nit gewant het es moht sich gar vast verprennen. Solche dult wirt nit genennt ein tugent sy ist auch nit verdinlich, denn als vil ym sy der mensch verdinlich macht noch

[42v] der vernuft und noch den willen das ers ornet in ein solch end das es verdinlich werd. Die ander wirt genant die gedult der unverstentikeit oder unverstentnuß, als oft ein mensch wenn man sein spot so verstet es sein nit und leit es gedultiglich. Das magstu merken pey einen doren des man oft spot und lacht, so weiß er nit das man sein spot und lacht sein oft auch, das ist aber nit verdinlich. Die drit heist die gedult der vohrt, als das eines von vohrt wegen etwas dultiglich leit, also er furht lid er das nit im gescheh ein großers. Als oft ein kint das man sleht das leit es gedultiglich, wann er furht lit es nit[140] ge-

---

[139] *tun* is inserted above the line
[140] *nit* is inserted above the line

[43r]dultiglich man slug es noch mer. diße ~~vorh~~ gedult[141] ist auch nit verdinlich wenn sy allein von vohrt ~~gesiht~~ geschiht. Die vierd gedult heist ein gedult der gewonheit, als ein kneht der einen zornigen herren hot der im schilt und flucht das hot er von im gewont und aht sein nit. det im es aber ein anderer so moht er es nit leiden das ist aber nit verdinlich es gesech den also vor gesagt ist. Die funft gedult ist volkumen und das ist ein tugent. Also zu dem ersten das der mensch williglich leit, zu den andern ist die gedult frolich das der mensch freud dor ynnen hot, das drit das er dankper ist das er got dank das erleiden sol,

[43v] zu dem vierden das er mitleiden hab mit dem der im widerwertikeit dut, zu dem funften das er fur in pitt. das kort zu einer volkumen tugent, und hostu die an dir so pistu volkumen, pricht dir aber an den funfen etwas so pist du nit gancz volkumen. Also host du nun underscheid under der gedult. merk nun was gedult sey. Augustinus spricht gedult ist ein tugent, durch welch der mensch in gleicheit oder in eintrehtikeit des gemutz auf nympt gluk oder ungluk, spricht er durch welch tugent der mensch nit wirt wetrubt in keiner widerwertikeit. Es sreibt lucas in paciencia vestra

[44r] possidebit animas vestras, in ewr gedult wert ir wesiczen ewr sel. Gedult ist das[142] der mensch in gleichmutikeit auf nympt widerwertikeit, und nit hast den der in hast. thulius spricht gedult ist das der mensch williglich an sich nem ein widerwertig werk, und weharr in der widerwertikeit. wie sie denn genant sint, sunder die dink die erwirdig und nucz sint. als denn antrift cristenlichen gelauben das ist ein erwirdig werk, auch das es an tref ein gancz gemein, als von eines gemeyn micz wegen so sullen wir uns geben in gedult und in das leiden. Es ist der mensch auch oft schuldig, das er

[44v] gedultig sey als oft in dem werken die ieczunt gerent[143] hab. Es ist nit not von außen alweg[144] dultig sey, aber von ynnen soler

---

[141]   The *ge* in *gedult* is inserted above the line
[142]   *das* is inserted above the line
[143]   The *ge* in *gerent* is inserted above the line
[144]   *alweg* is inserted in the margin

sich wereiten zu der gedult. Nun host du gehort was gedult sey. Nun wirt gedult gelobt und gerumpt uber vil ander tugent, wann dißer stam hot vil wurczel die sint weit außgepreit, also das der roßenstok dester vester mag stin in dem ertrich. Zu dem ersten wirt sie gelobt und gerumpt in dem das sie uberwint all ir veint an als wofen und als slahen und stoßen, ist aber das nit ein groß dink. diß kan gedultig sie an swert ir veint kan uber winden. Es stet gescriben proverbiox

[45r] Es ist peßer ein gedultiger man den ein starker man, und der sich kan uberwinden.

Der mensch hot von natur ein graußen vor widerwertikeit, dor umb ist es ein große tugent das der mensch sich selber uberwint, Also les wir von einem altvater den slug ein wehafter man an einem paken, do hubt er ym den andern auch dar. das moht der poß geist nit erleiden, und fur auß, und sprach der poß geist, des gedult hot mich uberwunden. Zu den andern wirt diße tugent gelobt und gerumpt uber vil[145] ander tugent, das sie macht das ir veint ir diner werden, und das sie in nucz werden und dyn in zu dem guten. Es stet geschriben

[45v] proverbiox der ein tor ist der dint den weißen und den gedultigen. Es sprich <u>paulus</u> ad romanos den menschen der got liep hot den mitwurken all dink zu gut.[146] Es spricht sant <u>thomas</u> der mensch mag nit haben gedult er hab den gotlich gnad. Wir losen von sancto vincencis den heiligen marterer der sprach zu decius, mir hat nie keiner kein großern dinst getun denn du hast getun, do er in so iemerlichen ließ marteren auf dem kolen. Gedult wirt auch geleicht den fewr wann als das feur herb und piter ist, also widerwertikeit ist herb und piter. Es hot auch das feur etlich eigenschaft das die gedult auch hot. Zu dem

[46r] ersten das es etliche dink hert macht die der nach wol wingen beleiben pey dem feur, als den ist ein zigel stein der ist zu dem ersten weich so man in macht, und wirt hert pey dem feur das er

---

[145] *vil* is inserted above the line
[146] Rom 8:28

furpas wol pey dem feur mag weleiben. Also widerwetiket macht hinden noch das sie den menschen nit schat, sunder sie erlost in von der ewigen pein. zu dem andern das feur erlaubt die vinsternuß, also widerwertikeit erleuht und pringt ein liht in der sel des menschen, das er mag erkennen sich selbs. zu dem driten das feur macht wiech etliche ding die hert sint als das eyßen, das man es denn

[46v] geprauchen mag wie man wil. Also widerwertikeit macht das menschen hercz weich das er gern leit durch got. Cassionus sreibt ein exempel von einer andehtigen frauen, das uns auch pillichen solt zihen zu ~~du~~ gedult, und das ist gesechen in alexandria bey dem pischof athanasius. Diße andehtige frau kom zu dem pischof, und pat in das er ir ein person geb die sie lert rehte gedult, wann sir dauht sie kant ein lein nit kemen zu rehter gedult. Nun warn vil wittwen die man versorgt von dem gemein, under den hiß er ir eine suchen die wer die aller erbrigst und die aller dultigst. der dint sie mit all gedult¹⁴⁷ und sy ~~nam es~~

[47r] det ir auch alle die werk die in mensch den andern ben getun.¹⁴⁸ Und sy nam es gar gedultiglich auf. Do sah sy wol das sy nit mit der kant kumen zu rehte gedult, und ging wider zu dem pischof und pat in das er ir eine gab die sie rehte gedult lert. do sprach der pischof zu den denn er het wefolhen das sie ir solten eine geben, wer umb das nit getun heten. so sprachen sy wir haben es langst getun. do verstant der pischof erst ir meinung, wann er het sie ver nit rehte verstanden, und hiß ir die aller zernigsten und undultigsten geben die man finden maht, das det man. Nun was sieder frauen det so kont sie ir nit reht tun, sy schalt sy und was

[47v] gar zornig, sie kont auch kein gut umb sie verdin. do sie das sah do dint sie ir noch fleißiger. Und gedoht¹⁴⁹ das ich lang wegert han das hab ich gefunden. Und giing zu dem pischof und dankt im, und sprach ir habt mir eine geben die mich rehte gedult hat gelert,

---

¹⁴⁷ The *ge* in *gedult* is inserted above the line
¹⁴⁸ The *ge* in *getun* is inserted above the line
¹⁴⁹ The *ge* in *gedoht* is inserted above the line
The *i* in *weich* is inserted above the line

wann was ich ir ie gedet das gevil ir nit. hot das nun ein frau getun
vil mer wir, wann wir doch als wal kristen menschen sint als sy was.
Nun wert ir noch mer loren von der gedult. ir habt vor gehort das
gedult geleicht wirt den feur, und das das feur etlich eigenschaft an

[48r] im hot das die gedult auch hot. zu dem ersten das es etlich
ding hert macht, zu dem andern das es erleuht das vinster ist, zu
den driten das es etlich ding weich macht die hert sint als eyßen.
von dem dreien habt ir nun gehort. Nun zu dem virden. Es scheit
es das poß von dem guten, als das pleÿ von dem gelt und den rost
von dem eyßen. Also ist im mit gedult die reinigt den menschen von
dem sunden. ist anders das der mensch gedultiglich liet. Cyprianus
spricht das leiden het von mir genumen alle dink, das zietlich gut
and die verseumnuß. Zu dem funsten mol so wereit das feur die
speiß, also widerwertikeit wereit die

[48v] sel zu gotlicher lieb. Ein hun das veist ist das ist peßer zu
proten denn ein magers, wann das verprint gern. also must du gotlich
lieb in dir haben wiltu wol wereit werden. Zu dem sehsten so hot das
feur die eigenschaft an im das es wewert etlich ding ob es got sey
als golt. Also ein mensch wirt bewert durch widerwertikeit was in
im ist. Als tobias geschah den genumen wart was er het do sprach
der engel zu im got hot dich webert wie gedultig du wolst sein. zu
dem sibenden mol[150] hot das feur die eigenschaft an im das es die
feuhtikeit vertreibt und verzert. Also widerwer-

[49r] tikeit vertreibt von einem die unreinen wegird die es in im
hot. Also hab ich geleßen von einer geistlichen person die het groß
unrehtung von unreinikeit. Do wefalh der oberst einen pruder das er
den jungen vil widerwertikeit solt derzeigen, und solt in weklagen
vor im. das det er, do gewan der pruden als vil mit den zu sickem das
er gedoht wie im der so unreht det, das er der unreinen gedanken all
vergaß. Als ir vor ein teil gehort haßt von dem lob dißer tugent der
gedult, do was das erst das sie uberwint ir veint an alles woffen, zu
den andern mol so macht sie das ir veint ir diner werden. Auß dißen
volkt

---

[150] *mol* is inserted above the line

[49v] nun das dritt das gedult pringt dem menschen zu einen tugentlichen leben, wann gedult ist ein rwt in der schul Xpī, wann ist das du gedultig pist so pringt sie dich zu vil tugenden. Wann als der nuß paum fruhper wirt so man in fleht, also kumpt der mensch zy vil fruht der tugent so in unßer herr fleht mit der rwtten der widerwertikeit. ist anders das er gedultig dor ynnen ist. als <u>Augustinus</u> spricht das golt scheint gar schon in dem feur, aber wenn man ein grunes holcz an das feur legt so reucht es. Pey den golt ist uns zu versten der gedultig mensch,

[50r] wann als das golt veiner und peßer wirt ~~pey~~ in[151] dem feur, also wirt ein gedultiger mensch se me und me peßer. aber pey den grun holcz versten wir ein ungedultigen menschen, wann so im leiden und widerwertikeit zu kumpt so gibet er eine poßen rauch, er murmelt und wirt ungedultig und noch poßer de vor. Zu dem virden so wort diße tugent gelobt und gerumpt[152] uber vil ander tugent, wann sie pringt den menschen dor zu das er wirt versunt mit got, und das auch got sein zorn von im went, und auch der mensch als wenn eins gedultig wer gen seinen obersten.

[50v] Wann gedult weicht den menschen und auch got das er seinen zorn von dem menschen went. per patienciam durch die gedult so wirt erweicht der oberst, aber ein tor macht den menschen noch mer zornig und[153] unrihtig. Zu dem funften so pringt gedult dem emsnchen das er wirt lieb gehabt von got. Es stet gescriben von g Apocalipsi, Die menschen die ich lieb hab die casteig ich und send in leiden zu. Wann ist das du kein leiden host so hot dich got nit liep. Sih all heilligen an die sint an leiden nit in das ewig leben kumen. zu dem

[51r] sehsten so wirt diße tugent gelobt und gerumpt uber vil ander tugent das si pringt dem menschen zu weißheit. Es stet geschriben proverbiox, der weiß man wirt webert und gereigirt durch sein

---

[151] The correction *in* is insered above *pey*
[152] the *e* in *gerumpt* is inserted above the line
[153] *zornig* is added in the margin and *und* above the line

gedult. Es spricht <u>gregorius</u> als vil der mensch mer gedultiger,[154] also vil ist er mer weiß. hat er aber nit rehte weißheit so hat er nit rehte d gedult, hat er denn nit rehte gedult so hat er nit rehte weißheit. zu dem sibenden so wirt diße tugent gerumpt und gelobt uber vil ander tugent das sie den menschen pring zu großer

[51v] andaht. Der mensch der gedultig ist der ist auch rwig. <u>bernhardus</u> woll wir kumen zu schauen das oberst got so muß wir uns seczen das wir rwig wern. wer rwig ist ob dem rut die genad gottes. zu dem ahten das die ~~genad~~ dult pringt zu volkumenheit, und kumpt umer eines auß dem andern. zu dem newnden in dem gelobt und gerumpt wirt diße tugent uber vil ander tugent das sie den menschen macht ein martrer gottes. wie wol er nit von außen alweg leit, so enpfint ers doch von ynnen mit dem willen. <u>Gregorius</u> spricht wir mugen

[52r] martrer werden an swert. Zu dem zehenden mol, so pringt gedult dem menschen dor zu das er wunderzeichen mag tun. <u>Gregorius</u> spricht ist das zu verwundern das der mensch wunder und zeichen dut, noch großer ist das das der mensch ~~wunder und zeichen~~ gedultig ist. Des hab ich geleßen ein exempel das get eben auf das stuk. Es was ein apt in einem kloster und sust vil heiliger pruder. Do was einer under in dem was gesehen das er wer ein guter pruder, der liß sich nihtz wekumern was in dem kloster geschah. Es gesachen vil zeichen durch in. die sein gewant oder gurtel an rurten die wurden gesunt. Des wundert den apt, und sprach was ist dein leben und dein verdynen.

[52v] Do sprach er ich dw nit mer den ander pruder, ich pet nit mer so vast ich nit mer den ander pruder, aber eins tw ich, ich loß mich nitz wekumern was gesicht. Do sprach der apt wekumer dich nit das das kloster weraubt wart, und das korn verprent. Er sprach ich hab meinen willen in den willen gottes geben, wie er wil also wil ich auch, und hab got gepeten das er sie ding riht noch seinen willen. Zu dem eilsten wirt diße tugent gelobt und gerumpt uber vil ander tugent, das der mensch derhebt wirt, wann ie der mensch hie mer

---

[154] the *ge* in *gedultiger* is added above the line

wirt undergetrubt, ie mer er wirt erhaben. geschiht es nit alweg hie so geschiht es aber in gener zeit. Des has ich geleßen ein exempel von einem

[53r] gedultigen pruder der heiß [155] auf den pruder legten die ander pruder iren unfleiß, also wenn sie etwas verseumnuß deten so legten sie es alweg auf dem pruder, und klagten den obersten uber in wie unfleißig der wer. Do streft in der oberst der oberst das er nit fleißig was. Do macht er alweg sein venig. Do es nun vil gesachschah, do want der oberst undultig uber in, wann er wolt wenn es wer wer, und gab im zu vasten, zu dem estern einen tag, und doch zwen und denn drey zu waßer und zu prot, und gab im zu petten. Do wurden sie doch zu ratt das sy dem aller obersten wolten uber in klagen, wann sie meinten er det vil verseumnuß und wer dem[156] conuent swer. Do sprach der oberst sie solten got peten das er in offenwart was si mit den pruder

[53v] solten tun. Do want dem obersten ges geoffenwart das er unschuldig was, und sprach zu den prudern das mynst deklein wolt ich nemen umb ewr verdinen, und das, das wer sey so pringt her ewr deken. und hieß ein feur machen, und legt die drein do verprunnen sie all, den des nit den sy versagt heten. Do machten sie all ir venig fur in und erputen im furpaß große ere. Do vohrt er das nit moht pleiben pey diemutikeit, und auch das er sorg het er kont nit gedult uben so im niemantz nihtz mer det, und floh in einem walt das er sein leben wol moht volenden. Zu dem zwelften wirt diße tugent gerumpt und gelobt

[54r] uber vil ander tugent, das sie den menschen selig macht und pringt in zu ewiger seligkeit. Jeronimus spricht das reich der himmel leit in gewalt, und die starken gewaltigen die gewinen das. Das sein die gedultigen. Unßer herr spricht selber selig seind die, die durchehtung leiden durch die gerehtikeit. Also so ir unschuldiglich leit so freut euch wann ewr lon ist groß in ewiger seligkeit. Wir sullen nit leiden als die ungerehten menschen, als rauber und prenner und

---

[155] The name has been deleted
[156] *dem* is inserted above the line

solch ubeltatig leut, aber wir sullen leiden als die unschuldigen so
dut es uns dester wirsers so wirt unßer lon dester

[54v]großer. Des hab ich geleßen ein exempel von einem heiligen
altvater. Der was in einer zellen ~~von den sagt man wir gedultig der~~
~~wars~~. do want ein ander nohct pey im der stal im was er in der sell
het das er den ererbeit het. dor umb wort er nie ungedultig, und
gedoht er darft sein und erbeit dester ~~vester~~ mer das treib er lang
zeit an. Do er nun sterben solt do rust er den pruder zu im und nam
sein hend und kust die, und sprach die hend haben mich proht zu
ewiger seligkeit in den das ich gedultig pin gewest. Do wart genor
in sich selber geslagen und peßert sein leben. Und also habt ir gehort
diß zwelf tugent der gedult und das sint die zwelf wurzel an diße
stamen.

[55r] Was sol uns nun webegen das wir kumen zu rehter gedult. Zu
dem ersten das wir an sehen die heiligen geschrift, und auch das
exempel der lieben heiligen. Wann es wolt oft der mensch gern vil
guter werk tun so is er zu klein mutig so sol er ansehen das exempel
der lieben heiligen und ein groß gemut gewinen. Es sint newn grat
der gedult die uns auch sullen ein vermanung sein das wir kumen zu
rehter gedult. Und als hoh ist auch dißer stam an den roßenstok. Zu
dem ersten so sol der mensch nit veintschaft tragen wider den der in
haßet, und auch keinen neid tragen.

[55v] Zu dem andern das der mensch niht wider spricht der
widerwertikeit von dem nehsten oder von got, und wider spricht
nit was dir got leidens zu send oder dein nehsten. zu dem dritten
das der mensch willi~~eh~~glich leider. Es moht ein mensch oft etwas
leiden. Es moht aber nit williglich leiden, dor umb sol eins ansehen
das exempel Xpi der hot williglich geliden. zu dem virden das der
mensch mit wegird leid. Es sint ~~eli~~ etliche menschen die geben wol
iren willen zu dem leiden, sie wegern aber nit zu leiden. zu dem
funften und der funft grat der gedult ist das der mensch mit freuden
sol leiden, und

[56r] get immer eins auß dem andern. ~~wann~~ Du vinst wol menschen
fir wegird haben zu leiden sie haben aber nit freud der ynnen. Zu

dem sehsten und der sehst grat der gedult is das du got dankper seist das er dich hie stroft. zu dem sibenden mol das du nit solt wegern das du gerochen werst an den die dir widerwertikeit an tun. Der acht grad der gedult ist und gehort zu volkumener gedult, das du nit solt klagen uber den der dir widerwertikeit zu send. Es wer denn ein ding das ł gehort fur die obersten und das nit zu versweigen wer. Du solt auch nit uber got klagen ob er dir leiden zu send.

[56v] Zu den neunden und der neund grat der gedult ist, das du fur den pitten solt der dir widerwertikeit zu send. Diß neun grat solten uns ein vermanung sein das wir lertten das wir komen zu rehten gedult. Es sol dich auch die heilig geschrift vermanen das du kumst zu gedult. <u>Paulus</u> spricht ein itlicher sol pleiben in dem stat do er hin geruft ist in rehter gedult, und sol dultiglich und diemutiglich leiden was dir got leidens zu send. Es spricht aber <u>paulus</u> wir sullen dultig sein gegen allen menschen sie sein ob uns oder under uns. Auch

[57r] spricht <u>paulus</u> ad ebreos wir sullen zu widerwertikeit mit gedult gin. Ich hab geleßen ein exempel das sreibt uns cesarius, von einem der was under der gehorsam, den strost sein oberster oft mit worten und mit werken. Und der unterten murmelt gen dem obersten und trug haß und neid gen im, wann er meint er det im unreht. Do erschein im under herr der hing an dem kreucz, und was im ein tuth gepunden umb sein haubt das was vol stacheln, und eins umb sein hend, und eins umb sein hercz, und eins umb sein fuß. Er gedoht was wedeut diß

[57v] gesiht. Wann er gedoht vor kont er von dem kloster komen das het er gern getun. Nun wart im geoffenwart das, das pant mit dem stacheln das underm herren umb sein haubt was gepunden wedent die nit undertan sint gegen seinem obern, und das pant umb die hent die ungehorsam, und und[157] das er hat umb sein hercz wedeutet das er kein ungunst solt tragen gen seinen obern, und das an dem fußen das er kein undult solt tragen gegen seinem obern. Do wart er in sich selber geslagen, doch slug er ꝺ nit gancz

---

[157] sic

[58r] auß seinen herczen. Und an der andern naht erschein im sein oberster der trug ein kreucz, und der untertan halfn im es tragen an der einem seiten, und do lißer es vallen und der oberst mustz ein lein tragen. Do er erwacht do gedoht er das ist aber ein zeichen das du deinen obern sein kreucz solt helfen tragen. Wann ein itlicher sol seinen obern sein kreucz helfen tragen. Das soltu vererstn in einen itlichen stat auch ein meit gegen irer frauen, und ein fraw gegen iren mann ind der man gegen der frauen. Und sust ie mensch ben andern sol helfen

[58v] sein kreucz tragen. Wie wir nun mugen kumen zu volkumener gedult do ligt die kunst an. Es sint drew ding do mit wir kumen mugen zu volkumener gedult. Zu dem ersten die heilig geschrift das habt ir vor gehort als sant paulus lert. Zu dem andern du solt got pitten umb gedult, wann von dir selber mahst du nit der zu kumen. Wann gedult ist ein gob die got muß geben. Dor umb muß wir si von im pittern. Davit spricht zu underm herren du pist mein gedult in mir. Do die kint von ihrl' striten mit den heiden, und wenn moyses pet und hub sein hend

[59r] auf so uberwunden die kinder von ihrl', aber wenn er die hend nider ließ so wurden die kinder von ihrl' uber wunden. Davit spricht yn tribulatione invocasti me et liberavi te. In den trubsal hastu mich angeruft, und ich han dich erlost. Zu dem dritten so dint uns zu volkumener gedult, das ist das wir haben gedehtnuß. Es sint sehs ding der wir sullen gedenken. Das erst die exempel der alten wie gedultig sint gewest. Es spricht paulus wir sullen noch volger sein den die dahaben gelauben mit der gedult, die weren wesiczen die ewigen freud. Grego-

[59v] rius spricht die werk der altern sullen uns sein ein reiczung, ein ubung und ein vermanung zu der gedult. Jeronimus spricht es mag niemant gekront wern er hab denn gestritten umb die gedult das ist sein meinung. Nym auch fur dich das exempel Xpi wie gedultig der ist geweßen, der ging in den tod als ein lemblein, er hot nit wider sprochen wenn es sein person an traf so sweig er, wenn es aber an traf die ere seines himmlichen vaters, so ret er als das pillich was, und diß sull wir auch tun wenn es an trift under person so sull wir gedultig sein, wenn

[60r] es aber an trift die ere gottes das selb sull wir nit leiden, als vil wir mugen, wann sust wer das mer ein grausam denn ein gedult. Sant <u>peter</u> sreibt in einer epistel als <u>Xps</u> geliden hot und gedultig[158] ist geweßen, also sull wir auch leiden und dor ynnen gedultig sein. <u>bernhardus</u> spricht von <u>Xpo</u> du pist unßer spigel und unßer lon der gedult, und pist auch kreftig an zu sehen. Und er spricht mer wir sullen undern spigel nit hinter uns legen auf den ruk, sunder wir sullen in vor den antlucz haben und in an sehen. Davit der[159] moht sein veint saul oft wol uberwunden haben, er woltz aber

[60v] nit tun. Sih an tobias. Es stet von im geschriben das got im leiden zu sent, das sein noch kumen ein exempel von im nemen. wann man list nit das er es verschult hot. Sih auch an das exempel der lieben martrer wie gedultig die sint gewest in irem leiden. Es stet geschriben von einen der was ein kunig. Do sprach einer zu im du pist ein rehter thirann. Do sprach er wer ich ein thirann so mustu dein leben dor umb geben. Drum das ich aber keiner pin so tw ich dir nihtz und was gedultig. Es flucht einer einen heidnischen meister, do sprach er du host gelernt das du kanst schelten und fluchen,

[61r] so hab ich gelernt das ich kan gedultig dor ynnen sein. Diße dink solten uns alls pillich zihen das wir gedultig wern. Also hostu nun das erst das ist das wir an sehen das exempel der allten wie gedultig die sint geweßen. die andern funfe wil ich newr nennen. Das ander ist das wir uns selber merken was in uns ist. zu dem dritten die großen pein umb die sunt. zu dem virden die groß freud die uns dor umb geben wirt das wir gedultig sint. zu dem funfsten von wems kum. zu dem sehsten das eins sol auß slahen und vergeßen dem der im hot widerwertikeit hot an getun.

[61v] Ich has geleßen ein exempel in der altvater puch von der gedult. es was ein heiliger altvater von dem ging ein lob auß wie gar[160] gedultig der wer, und als gleichmutig. Do kam ein ander zu im und wolt in webern was gedult er in im het. Do het der altvater ein

---

[158] the *ge* in *gedultig* inserted above the line
[159] *der* inserted above the line
[160] *gar* is inserted above the line

garten do sunt kraut ynnen. Do nam der seiner stab und zuslug den altvater sein kraut als in ~~den garten~~ das ertrich. Der alt sah es und sprach nihtz und gab im aber zu esßen.[161] wann do er zu im kam do het er im auch zu essen geben. Do sprach er zu im vater sol ich in den garten gehen gen und sol wesehen ob ich des krautz kunn auf heben das wir es essen. Do

[62r] sprach er lieber sun es gevelt mir wol. Do der nun sein gedult sah do viel er fur in nider, und pat in das er got fur in pet, das er im auch hulf das er kom zu rehter gedult.

Nun wil ich sagen von den sechs esten die da wahßen auf dißem stamen. Der erst ast das ist gehorsam der wehst auf dem stamen der diemutikeit und der gedult. Es ist zu merken das mangerley gehorsam ist. Die gehorsam ist geteilt in zweÿ teil. zu dem erstem ist eine genant ein strefliche gehorsam, zu dem andern ein lobliche gehorsam. zu dem ersten die strefliche gehorsam wirt geteilt in vier teil. zu dem

[62v] ersten wenn der mensch unterdenig ist der creatur die denn ist under dem menschen. Es moht ein mensch sprechen wie kumpt denn das, das sant peter spricht wir sullen gehorsam sein allen creaturn. Das sull wir also weißlich versten. Er meint das sich ein mensch sneder scheczen sull denn all creatur. Wolt wir aber gehorsam sein den unvernuftigen creaturen das wer ein strefliche gehorsam. viloßofus sprich noch denn als einer mer verstentnuß hot denn ein ander, so vil mer wirt er ein herr uber einen andern genant in der natur. Es stet geschriben eċċasticii, alle ding sint underdenig dem pfennig, das ist zuuestern von dem geicz-

[63r] igen. Das ist das eins umb gelt gehorsam wolt sein und nit aht das er got do mit erzurnet. zu dem andern wenn der mensch underdenig ist dem der im underdenig sol sein als denn ein prelat seinem unterdan, das wer nit reht. Es moht ein prelat wol rot nemen von seinem unterdan. Es stet geschriben proverbiox, Es sint drew dink die webegn das ertrich, das vird mag das ertrich gancz nit

---

[161] Sic

erleiden. zu dem ersten das, das ertrich nit mag erleiden, das ist do ein kneht herschet dem herren, zu dem andern do ein tor und narr genunk ist seiner sinnlicheit. Ein solcher wenn er sich uber isset und

[63v] trinket so macht er unrihtikeit. Und diße zwei webegen den freien willen. zu dem dritten ein heßige fraw mit der kan nymant auß kumen und mag sir nymant geleiden. Zu dem virden wenn ein dinerin wolt herschen irem herren. Das ist nit zu leiden, wann ein frawen pild ist ein kranke creatur das die volt herschen uber den man das ist not zu leiden. Zu dem driten ~~das~~ und die drit gehorsam ist das der untertan gehorsam sey seinen obern in zimlichen dingen. <u>Gregorius</u> spricht wie wol das ist das einer von gehorsam mag etwas guttes under wegen loßen, als das einer etwas pettet das er nit

[64r] schuldig wer, und kom der oberst und hiß in etwas so solt er das pelt under wegen loßen und solt gehorsam sein. Es ist nit zimlich das eines poße werke dw in gehorsam. <u>Gregorius</u> spricht die undertan sullen fleißig sein das sich hutten das sie nit mer underwerfen sein denn zimlich ist. Est stet geschriben actuum wir mußn got mer gehorsam sein denn dem menschen. Es spricht auch sant <u>augustinus</u> die weiß der gehorsam ist das der underdenig nit wider sprech dem poßn in den guten, das ist wie wol der ober poß wer dennoch sol[162] der unterdan gehorsam sein in dem gulten[163]. so sull wir auch den guten in dem poßen nit gehorsam

[64v] sein, wann wie wol das etlich ~~poß sein so~~ gut schein so sull wir in doch in den poßen nit gehorsam sein. <u>bernardus</u> spricht es ist mer ein ungehorsam wenn der undertan dem obern gehorsam ist in unzimlichen werken denn es ein gehorsam ist, wann wir sullen got mer gehorsam sein denn den menschen. zu dem virden so ist ein wezwungen und unwillig gehorsam, das ist das der mensch dor zu wezwungen wirt das er gehorsam sey. <u>paulus</u> spricht ein solcher sol nit under uns sein. Also habt ir vier gehorsam die do streflich sint. Zu dem andern ist nun ein gehorsam das ist ein lobliche

---

[162] The *l* in *sol* is inserted above the line
[163] For *gulten* read *guten*

[65r] gehorsam die en menschen ewig frewd pringt. Und die lobliche gehorsam wirt geteilt in zwei teil. Die erst loblich gehorsam ist not, die ander loblich gehorsam ist uberflußig, wann sie dwt nit allein die dink do sie zu gepunden ist, sie dwt auch die dink do sie nit zu gepunden ist. Die erst loblich gehorsam wirt geteilt in vier teil. zu dem ersten so ist ein gemein gehorsam. Das ist all geleubig menschen sint schuldig das sie gehorsam sint dem pobst und den pobstliche geseczen und den concili, und das ist ein gemein gehorsam sie ist aber nit die aller gemeinst. Wann dor ein gehoren

[65v] nit juden und heiden, die sint nit schuldig die dink die wir schuldig sein als das sacrament enphohen und ander gesecz. zu dem andern und die ander gehorsam die ist noch gemeiner und trift an alle creatur, angel und menschen, und auch die ungelaubigen juden und heiden, mit namen all vernuftig creatur, sint schuldig got gehorsam zu sein und die zehen pot zu halten. zu dem driten und die aller gemeinst gehorsam trift an all creatur, die sind schuldig got gehorsam zu sein vernustig und die unvernustigen, wann das ist getruckt

[66r] in ir natur, wann ein unvernuftig creatur wurkt an widersprechen den willen gottes, und das dwt der mensch nit, wann er wider stet oft mit[164] seinen freyen willen. Dor umb spricht augustinus es ist großer das sich der sunder wekert von seinen sunden, denn von newen himel und erd schaffen. Zu dem virden so ist ein wesunder gehorsam die ist nit als gemein. Die mug wir zu dem ersten nemen nach der natur, als vater und muter seÿ wir schuldig gehorsam zu sein, das ist got angenem. Zu dem andern als einer seiner willen auf gibet einen andern, der ist im schuldig

[66v] gehorsam zu sein, als ein kneht seinen herren und der sich verpunden hot under die gehorsam. zu dem driten die uberflußig volkumen gehorsam, die dut nit allein das sie schuldig ist, sie dut auch das sie nit schuldig ist. bernardus spricht das ein volkumen gehorsam hot kein gesecz und hot auch kein end. wann wer das sie het ein gesecz und ein end was denn mer wer das wer einer nit schuldig.

---

[164] *mit* inserted above the line

Also habt ir nun von den zweien gehorsam von der streflichen und von der loblichen. Ein frog was gehorsam sey. gehorsam mau auß gelegt werden in mangerley

[67r] weiß. zu dem ersten ein zimlich neigung oder peugung under den willen seiner obern noch der regel und gesecz und außsprechung seiner regel. zu dem andern zu volbringen den willen und die gepot der obern noch irer meinung. zu dem dritten gehorsam ist ein underwerfung seines eigen willen, under den willen seines obersten in zimlichen dingen. Diemutikeit ist ein underwerfung sein selbs, das eines wekent sein gepresten. Aber gehorsam ist ein underwerffen andern menschen. Gehorsam wirt also auß gelegt, das der mensch fleißiglich wetraht alle ding die got angenen sein, und

[67v] waß er schuldig seÿ das er es volpring. zu dem andern gen en menschen zu nemen, das eines nit wider sprech den obern in zimlichen ding. Also habt ir was gehorsam ist. Nun moht eines sprechen oder frogen mich dunket, Es solt ein mensch den andern nit gehorsam sein, noch auch der mensch got, und loß mich das der zu wagen. Es stet geschriben eccasticÿ, Got hot den menschen geschaffen, und hot den menschen geloßen in seinen eigen willen. Diße frag wirt verantwort in mangerley weiß. Du pist schuldig das du got gehorsam seist, das mahstu merken auß den heiligen

[68r] geschrift. zu dem ersten alle ding die got gepoten hot die werden wir volpringen. zu dem andern sull wir auch den menschen gehorsam sein, wann es stet geschriben die kint die treczig sint, das sullen die eltern klagen den obern, und sullen sie loßen versteinen und erteten. also hostu das du got und auch deinen obern solt gehorsam sein. paulus spricht ein itliche sel die sol underwerfen sein den gewalt irer obern, wann der gewalt ist von got. Dor zu vermant uns auch petrus das der mensch sol gehorsam sein und spricht, ir sult in aller vorht gehorsam sein. Es moht

[68v] eines sprechen wie sol ich das versten, als geschriben stet eccasticÿ, got hot dem menschen geloßen seinen freien willen.

Das legt thomas auß und spricht got hot dem menschen gegeben[165] seinen freien willen, das er nit gezuungen werd von der zuneigung der natur. Also habt ir gehort was dißer zewig ist. Nun wert ir horen wie hoh dißer zweig ist. Er ist ~~aht~~ newn[166] schuh hoh. Das sint ~~aht~~ newn grad der gehorsam. Der erst grad ist das der mensch gehorsam ist von vohrt. Das ist der mynst grad. Als etlich furhten die pein und auch schant vor andern menschen, und

[69r] den zorn gottes und furhten sie vallen in sund. Und dißer ist der mynst grad, und wie wol er nit vast unloblich[167] ist so mag er doch den menschen erledigen von ewiger pein, wann so er furht er den zurnen got und vall in sund so wirt er wehnt vor der verdamnuß. Der ander grat ist das der mensch williglich und gern gehorsam sey, und der ist hoher denn der erst. Es sint etlich gehorsam aber ungern und unwilliglich, das ist nit vast verdinlich. Es stet geschriben in dem puch exodi alle ding die gepoten sint, die sullen williglich und wehent sein. Davit herr ich wird

[69v] dir williglich opfern. Es vermant uns auch dor zu augustinus, und spricht ein gezuungen dinst ist got nit angenem. Zu dem dritten das der mensch sey einveltiglich und sleht anwidersprechen gehorsam. bernardus spricht es sint etlich gehorsam aber nit einveltiglich, sie forschen und frogen und sprechen wer umb sol ich gerhorsam sein. Dutz nit ein ander als pullich als ich. Es spricht auch bernardus es sint etlich in dem stet auf ein unwescheidenheit, ist aber das der mensch einveltiglich gehorsam ist so pringt gehorsam her wider das sie sust

[70r] wolen tun. Und die fruht die er vor verloren hot, die pringt gehorsam her wider. bernardus wescheidenheit ist gar ein selczener vogel, ist aber das einer wil schletiglich gehorsam sein so sol er auß werfen die unbescheidenheit, und sol nit gen weder zu der rehten noch zu der linken seiten. Er sol schletiglich gehorsam sein.

---

[165] The first *ge* in *gegeben* is inserted above the line
[166] The correction *newn* is inserted in the margin in this and the following sentence
[167] The *un* in *unloblich* is added in the margin

Der vierd grad der gehorsam an diße zweig ist das der mensch nun gehorsam sey wehend snell und pald. Do solt nit ~~snell~~ treg sein als ein pleien vogelein und als ein viereketer stein. Einem etlichen den ir gehorsam schuldig seit den sult ir wehendiglichen gehorsam sein, und das das got

[70v] gevellig seÿ. Da sull wir merken auß von der heiligen geschrift. Es stet geschriben do xps predigt, do steig zacheus das klein mondlein auf einem pawmen, und do in xps her abhiß do was er behend ~~her ab~~ und pald her ab. Do kom im die fruht der auß das xps kom in sein hauß und[168] sprach heut ist heil geschehen dißem hauß. Also les wir auch do xps rust petrus und andreas, pald verlißen sie was sie hetten und volgten xps noch. E das gepot außgesprochen wirt so sullen gehorsam sein. Und die puß die man uns seczt und ander ding die wir schuldig sint die sullen wir wehendlich volpringen. Jeronimus spricht ein

[71r] volkumene gehorsam so sie wehend ist nympt die unvolkumenheit hin die denn ist in der gehorsam. auch der gehorsam wirt geleicht einen grunen rutten, si let sich peugen und neigen und spricht nihtz, aber ist sie turr so dwt sie sein nit. Also gehorsam ist geleicht der grunnen rutten, und loßen sich peugen und treiben wie man wil. Die tregen sint auch gegleicht dem gefirden stein, wer die wil webegen der wirt mit in wetrubt, wann sie sein in und andern menschen peinlich, und got hot ein mißvallen an in. Zu dem funften so steig wir aber furpaß auf an dißem ast an dem ersten zweig. Das ist

[71v] das der mensch frolich gehorsam seÿ, was er tw das er das frolich tw. Los dir nit pitter sein die zehen gepot, und die ret xpi zu halten, und ander dink das du schuldig pist. das sol dir ein freud sein zu volpringen. Es spricht umbertus, ein solcher mensch der so frolich in seiner gehorsam ist, der erfreut den der im gepeut, und pringt im ein sicherheit[169] und stillheit seiner gewißen, zu den dritten und macht im alle seine werk leiht, wann so einer frolich und wehend ist,

---

[168] The phrase *kom in sein hauß* inserted in the margin
[169] The *r* in *sicherheit* is inserted above the line

so ist im leiht was er tun sol. Es spricht bernardus unßer gehorsam so volproht werden das under

[72r] antlucz erzeig das wir frolich sein, und mit worten auß sprachen das sie es gern tun. Es stet paulus spricht, got liebt den frolichen dinst. Zu dem sehsten und der sehst grat ist das du die gehorsam solt menlichen volpringen. Du solt großmutig sein, wann du solt nit sein pusillanimes kleinmutig. Du menlich was du mahst, wenn du nit mer mahst so pist du nit mer schuldig. Aber es meint oft eines, es vermug ein dink nit, ist es aber das eines gehorsam ist so gibt im under herr kraft. Also spricht bernardus er hot gesant sein hant zu dem starken ding. Die gehorsam sol menlich gehorsam sein, wann xps ist auch

[72v] menlich gehorsam sein geweßen piß in den tod. bernardus das xps nit verlur den gehorsam, so hot er sein leben dor umb geben. hot das xps getun vil mer sull wir gehorsam sein. Also hab ich geleßen ein exempel in dem alveter puch, das einem wart gepoten er solt einen großen stein webegen. Er was gehorsam und warf den stein an ein andre stat, denn mohten sust kaum hundert webegt haben. Do gab im got die kraft von seiner gehorsam wegen. Ich hab auch mer gelesen ein exempel das einen pruder gepoten wart, das er solt wegißen ein durre rwten. Er gedoht[170] im wol das es[171] nit vast mucz wer, und was

[73r] doch gehorsam. wann ist oft das pet nit vast nucz so ist doch die gehorsam nucz. Er must auch das waßer uber zwu meil holen. Das treib er drew ior an. Do erzeigt got den nucz der gehorsam, und die rut wart pluen. Gregorius spricht als vil der gehorsam mer seines eigen willen hot, so vil myner ist er verdinlich. zu dem sibenden gehorsam sol gemein sein in allen dingen, und alweg solt du gehorsam sein was man dich heist das solt du tun. Es moht eines zu einem ding willing sein und zu dem andern nit. Dor umb zu dem sibenden mol so sol die gehorsam gemein

---

[170] The *ge* in *gedoht* is added above the line
[171] *es* is inserted above the line

Johann Herolt OP

[73v] sein. Es sint etlich die halten sich also das man sie nihcz dar heißen das solten sie nit tun. wann wer das einer einem großen herren dinet, der in vil mer hiß den einen andern diner, und wolt im auch vil mer lones geben, das wer im ein große ere. Also solt wir auch tun in under gehorsam. Es spricht paulus in allen dingen sult ir gehorsam sein dem obern in zimlichen dingen. Zu dem ahten und der aht grad der gehorsam das ist diemutikeit. Ð bernhardus spricht diemutikeit ist ein solche tugent, das kein ander werk verdinlich ist an diemutikeit. Wenn du nun also gehorsam pist als vor gesagt ist, so soltu dich

[74r] nit uber heben. dor umb ist der aht grad diemutikeit. Der neund grad der gehorsam ist das sie sol volproht werden piß an das end. Und das du die andern aht grat all samet hest, und verharest du nit dor ynnen piß an das end, so wer es nihtz wert. Wann du must verharren piß an den tod, als xps hat getan, als du vor hast gehort, und weharst du piß an den tod in deiner gehorsam so wirst du den lon nemen. bernhardus spricht wenn einer laufen wil zu einen zil umb ein kleinet, und wider kert e er kumpt zu dem zil, was pringt er do von nihtz den mude pein. Also

[74v] ist im auch geistlich. ist das du weharrest ~~pist~~ piß an das end so nymest du das kleinet das ist den lon. Wann also spricht sant paulus wir sullen also laufen das wir wegreisen das ~~zal~~ end, und kumen zu den ewigen leben. Das wir dester lieber gehorsam sein, so sreibt uns wilhelmuß de actibus ein exempel von einem jungen, der kom in undern orden prediger orden. Der wart gar wol versucht & er wart an gelegt. Wann er wart im gegeben das er etlich dink solt lernen, Under frauen zeit und ander tagzeit. Und der oberste sprach zu im

[75r] ob er wolt gehorsam sein.[172] Als die andern die gehorsam gelebt horen, das nam er auß. Und dor noch viel er in große krankheit, also das er gar krank wart. Do komen die poßen geist und sprachen sie wolten sein sel hin furen. Und sprachen sie wer ir. Do kom der engel und sprachen, furht die nit, ich wil dein sel hin furen. Die teufel ließen dennoch nit ab, si wolten ie die sel haben. Also nam der engel

---

[172] *sein* is inserted above the line

116

die sel und fuhrt sie zu den paradiß. Do stund ein alter entverusman vor dem paradiß, und sprach die sel kompt nit her ein, wann sie ist ungehorsam

[75v] gewest. Also furt der engel die sel wider zu dem leib das sie genunk det. Also erwacht der jung, und empfant das er in großen angsten was gewest. Dann sagt den prior wie es im ergangen was, und sprach ich weiß nit ~~ves~~ das ich ungehorsam pin geweßen. Denn einen alten poßen rok hab ich loßen gewaschen an urlaub. Der knab wegert das man in gancz an legt, und do er von das wegen nit kont ein gen in ewig leben. Und het sich noch nit gancz verpunden ~~zu der~~ under die[173] gehorsam, wie sol uns denn geschehen die sich zu der gehorsam verpunden haben. Das exempel

[76r] solt uns aber pillich zihen zu der gehorsam. Nun soltu merken wie vil roßen waschen au dißem ast. Do waschen zwelf roßen auf dißem ast, zu dem auch die gehorsam gerumpt wirt uber vol ander tugent. Die erst roßen an dißen ast der gehorsam, das ist das sie zirt die sel der menschen. Gleicher weiß als die roßen ziren den st do auf sie waschen, also gehorsam ist gar groß, wann sie zirt die sel des menschen. paulus durch die gehorsam ~~sint~~ eines menschen sint vil menschen gerehtvertiget werden. Xps durch sein gehorsam der hot uns geziret und gerehtvertiget, ist das wir auch ~~geziret~~ gehorsam[174] sint. Also stet geschriben proverbiox, Wer do stroft

[76v] einen weißen der stroft einer[175] or des gehorsamen. Wann is das ein weißer streflich ist, so ist er nit weiß, ist er aber weiß, so ist er nit streflich. also ist auch der gehorsam mensch nit streflich, wann gehorsam uber trift golt und silber und edel gestein. Es sint vil menschen die gesamet haben golt silber und edel gestein. Aber gehorsam uber trift diß alles. Die ander roß an dißem ast und die ander fruht der gehorsam, das ist das sie weschirmet und wewaret die sel des menschen. Das ist not das einer wewart wirt, wann als vor geschriben ist das sel geziret ist

---

[173] The correction *under die* is made in the margin
[174] The correction *gehorsam* is inserted in the margin
[175] The *er* in *einer* is inserted above the line

[77r] durch die erst fruht der gehorsam, so ist auch not das sie wewart werd, das dut die gehorsam. Es stet geschriben proverbiox, wer der ist der da wewart das gepot des herren. Der wewart sein sel. Das kumpt durch die gehorsam. Es stet auch mer geschriben, wann pist du gehorsam, so pist du wewarn dein sel. Das kint das da wewart die wort seines vaters, das wirt wewart vor der verdampnuß. Auch stet geschriben ecclesiasticÿ, wer der ist der da wirt wewaren die gepot des herren dem wirt nihtz ubels zu vallen. Also hab ich geleßen ein exempel

[77v] von einem altvater, der het einen jungen pey im, den wolt er senden in ein stat, zu einem man der im und den andern altvatern gewonlich gultet erzeiget. Der jung sprach ich fuhrt ich werd vallen in ergernus. Der alt sprach die gehoram sol dich wol webaren. Do nun der jung in die stat kam zu dem hauß do was nyemant do heimen denn des mannes th tohter. Die reiczt den jungen zu unzimlichen werken. Do ruft der jung got an, das er in wehnt durch das gepet seines vaters. Alzehant vant er sich knien noh-

[78r] et pey seinen ~~dem~~[176] kloster. Also wer ~~er~~ der jung webart und wehnt durch die gehorsam vor dem ubel der sunden. Zu dem driten und die drit roß an dißen ast ist, das die gehorsam macht den menschen einen diner gottes. Wann wenn das wer das du werst ein diner eines großen herren, das wer dir ein großen freud, vil mer sol dir das ein große freud sein, das du pist ein diner gottes. Und dor zu pringt dich die gehorsam. Und volgt ie eines auß den andern, wann wenn du webart wirst so wirst du auch ein diner gottes.

[78v] Paulus spricht dem ir seit gehorsam gewest des diner seit ir. pist du got gehorsam, pist du auch sein diner, pist du der werlt oder dem teufel gehorsam des diner pist du auch. Es sint vil die ~~ufe~~ rufen herr herr, sy wollen aber sein diner nit sein. Also spricht lucas vil heißen in herr, sy wolen aber sein diner nit sein. Die vierd roß an dißen ast der gehorsam ist das der gehorsam macht nun den dinst des menschen got gar angenem. Es stet geschriben in dem puch der kunig, gehorsam

---

[176] The correction *seinen* is inserted above the line

[79r] ist peßer, mer, und weger denn das opfer. was du wirst wurken das wirt got angenem durch die gehorsam, wann pist du gehorsam, so sint got deine werk gar angemen. <u>Augustinus</u> spricht es ist peßer das gepet eines gehorsamen denn vil tausent ander menschen die nit gehorsam sint. in dem merk wie got die gehorsam so gar angemen ist. Die funft roßen an dißem ast, und die funft fruht der gehorsam ist, das der gehorsam macht auß der sel des menschen ein palatium ~~und~~ an dem[177] tempel gottes.

[79v]wann gehorsam ist hert als das eisen, und durch dringt die sel. Das mahst merken, wann der herr <u>Xps</u> wolt wanen in dem hauß symonis, do maria magdalena zu im kom, symon ist als vil gesprochen als gehorsam und do wil <u>Xps</u> wohen. Wo rehte gehorsam ist do wil got sein. Do <u>Xps</u> den ganczen tag gepredigt het, do sah er umb ob in ~~ie~~niemant[178] wolt weherbegen. Do vant er niemancz der in wolt weherbergen.[179]. Do ging er zu wethanean, wethanea ist als vil gesprachen als gehorsam. Die sehst roß an dißen ast und die sehst fruht der

[80r] gehorsam ist das gehorsam den menschen erhebt vor dem antlucz gotes. Es stet geschriben deuteronomÿ, Es sprach got zu den volk von israhel, ist das ir mein gepot wehalt so wert ir erhaben uber vil ander n menschen. man vint wol vil menschen die vil tugent haben, aber die under der gehorsam sint die sint vil peßer. Des hab ich geleßen ein exempel von einem dem ward gezeigt vier ordenung. die ersten waren gedultig gewest in irer kranckheit. Die ander ordenung heten parmherczikeit geubet. Die drit

[80v] heten ein abgescheiden leben. Die vierden heten gelebt under der gehorsam, und do wart im geoffenwart. Die erst drei heten etwas gepraucht ires eigen willen, aber die vierd ordenung heten iren willen geben iren obern dor umb waren sie erhaben uber die andern all. Die sibend roß an dem ast ist das der mensch durch gehorsam uber wint

---

[177] A correction in the bottom margin replaces *und* with *an dem*

[178] The MS began *ie* but changed to *niemant*, although the context seems to require *iemant*

[179] This sentence is added in the bottom margin

all sein veint. Es stet geschriben proverbiox ein gehorsamer mensch wirt reden die uber windung ~~võ isrl'~~. wir lesen von den kindern von isrl' wenn die uber

[81r] wunden so singen sie alweg ein lobsang das was die red irer uberwindung. Gregorius spricht wer gehorsam ist eines andern menschen stym der uber wint sich in seinem herczen, in dem das er sich uber wint, so uber wint er seinen aller grosten veint. Seneca spricht ein gehorsamer mensch ist sterker denn all ander menschen. Die aht roß under die aht fruht der gehorsam ist das die gehorsam macht alle dink den menschen underdenig. Wann einen rehten gehorsamen menschen sint alle ding underdenig. Also

[81v] les wir von iosue der gepot der sunnen das sie stil stund, das geschah, wann er was got gehorsam so was im auch die creatur gehorsam. Ich hab auch geleßen ein exempel[180] von einem altvater, der schiket seinen jungen noch waßer. Der vergaß des seiles do heimen do mit er das waßer solt schopfen. Do sprach der jung ich gepeut dir waßer das du her auf kumest, durch das gepet meines vaters. Und das geschah also das das waßer hoh wart das er es gewinen kont. Der altvater screib es an der gehorsam des jungen.

[82r] Ein ander altvater hiß seinen jungen etwas. Der jung sprach ich fuhrt das grawßsam tier zu reiß mich, wann es wonet ein lebin do selbs do er hin solt gen. Der altvater sprach kumpt dir die lebin, so soltu sie pinden und her furen. Also do er auf den weg kom. Do wegegent im die lebin. Do sprach er mein altvater gepeut dir das du dich lost pinden, und zu im furen. Also stund das tir still, do pant er es mit seiner gurtel, und furt es zu seinen altervater. Diß geschah von seinen gehorsam wegen, das im sust unmuglich wer

[82v] gewest. [181] Do her ~~nach~~ gehoren nach iiij rosen.

---

180   *ein exempel* is inserted in the margins
181   The rest of f.82v is blank, except for the one word *gewest* completing f.82r, and a summary line in the top margin: *Do her nach gehoren nach iiij rosen*

[83r] **A**uf dem ersten ast ger gehorsam siczt ein vogelein, genant ein kunglein, das ist ein klein vogelein, und ist gar wehend, wenn eines iczunt wil wenn es sey auf den paumen so ist es auf einem andern. Es ist gar unvertroßen, wenn es ist kein lochlein so klein es wil dor ein. Die wehendikeit diß vogeleins wedent die wehendikeit des gehorsamen menschen. Aber das diß vogelein in alle lochlein will schlifen, das wedent das dem korsamen menschen kein werk an dißem garten zu groß aber zu schwer ist, es

[83v] wil sich dor ynnen uben. Nun was singt diß vogelein als wir es nemen mugen noch seiner eigenschaft, und wedeutung seiner werk. Es ist diß sein gesank. Ein kunglein pin ich genant, vor got und dem menschen wol wekant. Gering ist mir mein gevider, Klein ist mir mein leip, Und dor umb in wehendikeit mir nÿmant ob leit. also geistlichen, es singt vor got und den menschen vol wekant, das wedeut das die gehorsam got und dem menschen

[84r] wert ist. Gering ist mir mein gevider, das wedeut die wehendikeit der gehorsam, wann es das gepot auß gesprechen wirt, so ist der gehorsam mensch wereit. Klein ist mir mein leip ~~gevider~~. Diß wedeut die diemutikeit, das sich der mensch seiner ħ gehorsam und seiner gutten werk nit uber heb. Und dor umb in wehendikeit mir niemant ob leit. Diß wedeut das niemant den ~~kor~~ gehorsamen menschen geleichen mag in den verdinen, wenn man

[84v] anders der gehoram reht dut.[182]

[85r] **Z**u dißen heiligen weihnachten sull wir Ihm enphohen und geboren, und dor noch erneren. Denn so emphoh wir Jhm wenn wir gute wegird haben. Aber es ist nit genug das wir vil enphohen und wenig geperen, als eflich frauen thuß, die zu weil oft empfohen und wenig gessegen. Do von spricht der prohet sie haben enpfangen und sein nit kumen zu der gepurt. was du in der kirchen enpfangen host an der predig oder in den gepot, die selben guten wegird und guten willen soltu zu den werken

---

[182] This page ends abruptly with these few words. The rest of the sheet, and the following two sheets are blank.

[85v] pringen. Sant bernard spricht der will ist ein wurczel aller guter werk. Dor umb so muß wir unser wegird und guten willen zu den werken pringen. So geper wir J̲h̲m geistlichen, und so spricht jsayas sie haben enpfangen und geporen. Dor noch sull wir J̲h̲m nern und ziehen das er zu[183] nem. denn so ner wir J̲h̲m wenn wir zu nemen in guten werken so wechst J̲h̲s in uns. nu was ~~wir~~ wir aber tun sulen das i̲h̲s peÿ uns weleib. Wir sulen zu dem ersten haben gotlich vorht, mit

[86r] m̲a̲r̲i̲a̲, wann do sie und joseph vorhtn das herodes das kindlein wurd toden, do fluhen sie mit im in egyppten. M̲a̲r̲i̲a̲ ist so gutig sie wird dir das kindlein gern geben zu tragen in dem garten. gedenk, newr das die maur dor umb seÿ, anders sie gibt dir das kint nit dar ein zu tragen. Wann sie hat sorg es mohten die wilden tier dor ein lauffen und dem kind schaden tun. Auch also stet geschriben du wirst mich auß furen auß der unsicherkeit, wiltu J̲h̲m haben und nern, so wart wo unsicherkeit sey das

[86v] du flihest. Zu den andern so was m̲a̲r̲i̲a̲ fleißig. also soltu auch großen fleiß haben wie ~~die~~ du X̲p̲m̲ ernerest in dir, wann ist das du X̲p̲m̲ wol zenohst, so ist m̲a̲r̲i̲a̲ so milt sie wil dir selber lonen. Do moises auf das waßer gelegt ward do vand in des kungs tohter, do was das kind gar schon, das ims des kungs tohter nam zu einen kind, und gab es einer judischen frawen, und sprach ich wil dir selber lonen. Also ist das wir m̲a̲r̲i̲a̲ ires kindes wol warten so wil sie dir selber lonen. zu dem dritten

[87r] mol so was m̲a̲r̲i̲a̲ diemutig, sie schemt sich nit zu sein in dem armen hauß mit iren kind. also soltu dich nit schemen J̲h̲m zu tragen, das ist diemutige werk zu thun. zu dem virden so muß wir mit im leiden und gedultig sein, wann m̲a̲r̲i̲a̲ trug in in egypten lant, und must do vil geleiden, und sie was gar gedultig. Sey wir aber ungedultig so vertreiben wir J̲h̲m von uns. zu dem funften so sull wir gehorsam sein, wann m̲a̲r̲i̲a̲ was gehorsam und joseph, do sie newr vermant wurden, das

---

[183] The word *zu* is insert above the line

[87v] sie jhm auß der unsicherheit solten tragen, do warn sie gehorsam. Wenn nun die kint werden gen so mag man sie leiht verwenen das sie zu eimem andern gen. Also wenn man sie zu dem ersten spilen tregt, und zu dem andern so must du im singen, und schon mit im reden, und lachen. zu de dritten so must du im etwas geben. Wilt du Jhm wehalten so nym in zu dem ersten an dein arm. Sant bernhart spricht ich nym in seiner muter und sie zurnt nit dor umb, allein das ich im neur schon tu. Nun moht eins fragen wo sull wir Jhm hin tragen.[184] Wir sulen Jhm zu dem ersten trugen in seines vaters haws, das ist

[88r] wekenn die wirdikeit des vaters, das ist auch die wirdikeit des suns. Der will der vaters ist auch der will des suns, und dor umb so volpring seinen willen mit allen fleiß. zu dem andern mol so trag im zu maria, wekenn ir diemutikiet und keuscheit und ander wirdikeit und volg im ir nach. Zu dem dritten so trag in in dem eigen haws, und zeig im was du schons habt in deinem eigen haws. Wenn man ein kint in ein hauß tregt so zeigt man im das gemeld an den wenden, also zeig Jhm die zierd deiner sel. Dor noch so trag in in[185] den garten

[88v] und secz in auf das fundament des gardens, das ist die tugent der diemutikeit, und zeig im das erst zweig der gehorsam mit den schonen roßen, und auch die andern zweig mit den roßen, und was sust schunes in dem garten stet, und erzurn in nit. So pleibt er gern pey dir, und er wil dich auch nit erzurnen. zu dem andern mol, so solt du dem kind singen. Es stet geschriben sie namen die harpfen und singen in der stat und sungen gar wol. sing dißem kind ware rew, und sing im wol, das du gancze rew habst und dor ynnen verhar-

[89r] est. Zu dem andern mol so sing dem kindlein Jhs rehte dankperkeit, das er so diemutig ist gewest, das er von dem himel her ab ist gestigen und mensch ist werden. Des sull wir im mit großer wegird und lieb danken. Und zu dem dritten mit freuden, als ysaias spricht, wir sull im danken und sol von uns gehort werden vox

---

[184] This question is inserted in the bottom margin
[185] *in* inserted above the line

laudis. nit allein sull wir im danken mit dem werken, auch mit dem worten und in dem herczen, mit großen freuden das er dich erledigt und erlost hot. Zu dem dritten mol so muß wir ~~im~~

[89v] dem kind etwas geben. Gib im ein gelbes hemdlein, ein gurtelein und zwey rote schuhlein, und einen apfell in die hant. Das geld hemd wedeut das du im solt geben all die andaht die du neur ~~solt~~ mahst gehaben.[186] Die andaht gleich wir pillich dem gelben hemd, wann die andehtigen sein gewonlich gel und[187] ist das die sach wann sie verzeren alle ir kreft in got, so werden die kreft gehindert das sie nit mugen wurken in den leib. rebecka die legt jacob an all die schonen kleider esaw und be-

[90r] deut all gutte wegird und tugent die do sein ein zird der sel. die sull wir <u>Jhm</u> an legen und im die apfern, und gedenk das du vast andehtig seist so pist du got gar angenem, und so wil das kindlein gern pey dir sein. Zu dem andern mol so gib dem kindlein <u>Jhū</u> ein gurtelein. Do pey versten wir die tugent der keuscheit. wann also stet geschriben ewr lent sullen gegurt sein. Also spricht auch <u>Xps</u> gib mir ein hercz das rein sey. Reinikeit des herczen gefellet got gar wol. Zu dem dritten mol sull

[90v] wir dem kindlein <u>Jhū</u> geben zwen rotte schuhlein, pey dem ersten schuh versten wir gotlich lieb, pey dem andern zuprunstig ~~lieb~~ begird. Du solt große begird und lieb haben zu got es ge dir wol oder ubel, wann pey dem rehten schuh so versten wir so es uns wol get, aber pey dem linken schuh versten wir wenn es uns ubel get. Get es uns wol so sult wir got lieb haben, get es uns ubel so sull wir aber got lieb haben. Dor noch soltu dem kind geben einen apfel. Der

[91r] bedeut gute werk. den kindern von Isrl' was gepoten das sie iren zehenden solten geben von allen fruhten, auch von den apfeln. pey den apfeln versten wir tugentliche werk die wir dem kind geben sullen, nit allein andacht keuscheit und lieb, sunder auch vil ander

---

[186] The correction *mahst* is inserted in the margin, and the *ge* in *gehaben* above the line

[187] *und* is inserted above the line

tugentlicher werk. Dor noch so prich[188] der rosen von dem zweig der gehorsam und mach dem kindlein Jhŝ ein krenczlein. ~~der~~ pey dem krenczelin das wir Jhŝ sullen machen und geben ist uns we-

[91v] deut die verharrung in allen gutten werken, yn andaht, in keuscheit, yn lieb, und in ander guten werken. Wann als ein krancz ist scheublet und hat kein end, also sullen unßere gute werk kein end haben. Sunder an alles end das ist das wir sullen verharren in unßern guten werken piß an unßer end. Nun wenn wir denn gar frolich sein in dem garten in den roten roßen, so sul wir due freud muschen, wann als die roten roßen rot sind, da pey wirt uns wedeut wie wol xps iczunt in dem

[92r] roßen garten ist, so sullen wir doch seines leidens nit vergeßen, und sullen gedenken das pey den roten roßen uns wezeichent ist das roßenvarb plut unßers lieben herren Jhu xpi, das er durch unßern willen vergoßen hat, und gar groß piter leiden umb unßern willen geliten hat, und hat uns einen susstaff lossen das es uns zu herczen sol gen, und das wir unßer freud do mit muschen wann ein mensch ein suße speis het geessen, und dor noch so ysset er etwas piters, und isset denn aber der suße speis, so ist der mensch wil dankper denn

[92v] das er das pitter nit versucht het, und dunket in auch die suß speis vil sußer denn vor er das pitter nit versucht het. Wann also soltu dor noch aber wider[189] kumen zu der freud, und solt Jhm seczen auff das fundament in dem rossen garten als du vor gehort hast. Und secz in in die wol richenden kreuter die in dem garten sten, als lilium confallium und plob und weiß lilien, und sallwer und rawten und ander wolrichende kreuter, und loß dir gar wol mit im sein. Dor noch so gob im etwas in die andern hant.

[93r] Wann du hast im vor einen apfell in die linken hant gegeben[190], so gib im nun ein fogelein in die rehten hant. Du solt im ein fogelein geben das heist ein graßmuklein. Das hot die eigenschaft an im das

---

188 The copyist wrote *sprich* but crossed out the *s*
189 *wider* inserted above the line
190 the first *ge* in *gegeben* is added above the line

es kein nest macht auf die pawmen, sunder in dem graß. Die ander eigenschaft ist das diß vogelein zeucht ander vogel kint. Wann man vint von dem gukguk das er seine kint selber nit zeucht, aber er dut eins und zupricht dem grasmuklein seine eyr

[93v] und leget sein eyr an die stat so heckt ~~das~~ sie das graßmuklein denn auß, wenn sie denn groß werden, so muß sich das graßmuklein gar eben huten das sie es nit verschliken. Diß vogelein solt du <u>Xpm</u> geben in die andern hant. Das wirt <u>Xps</u> eben, wann es ist im geleich noch etlicher eigenschaft die es an im hot.[191] Diß vogelein hot einen sundern gesank noch seiner eygenschaft so singt es also. Ꝑ Begerstu zu wissen wer ich ~~pin~~ pyn[192], So antwort ich dir ich pin ein graßmuklein. Die hoh der

[94r] estt und der pawmen ich auf geb, und loß mich nider in das gras. das ich mach ein nest, und das ich ander vogel kind erner. Geistlichen zu nemen, <u>Xps</u> hot sich von oben her ab ~~geken~~loßen, und hot uns erlost, und dor umb ist er mensch worden. Diß vogelein macht sein nest auf die erden. ~~wann machst~~ Also hot auch <u>Xps</u> getun. Er ist diemutig worden und ist her abkumen zu uns. Er hot uns auch ernert das er uns nit hot loßen sterben in unßern sunt zuerkennen

[94v] geben, und er hot uns die sunt auch vergeben, und dennoch so wirt er von mangen menschen verslunden. Das geschiht wenn er wider in tod sunt velt.

Das kint <u>Xps</u> wuchs und ward gesterkt vol weisheit und die gnod gottes was in im. Wilt du nun das <u>Xps</u> in dir wachs geistlichen, so must du etlich ding an dir haben und auch tun das man den jungen kinden dut. Wil man das sie zu nemen und in gesunteit und kraft weleiben, so dut man in siben ding. Zu dem ersten so muß

[95r] man yn ein speis geben die in wekwen ist, als milch. zu dem andern das der mensch wescheidenheit halt nit zu vil noch zu wenig. Zu dem drittten das man den kinden keinen wein sol geben wesunder

---

[191] This clause inserted later.
[192] This change made in the margin

so sie nießen die prust der muter. Zu dem virden so ~~to~~ sol man sie oft webegen als auf heben, und das mit wescheidenheit. Zu dem funften sol man sie meßig halten, das man sie sol ein wenig an die kalt tragen und doch nit zu vil. Zu dem sehsten sol man in singen. Zu dem sibenden sol man[193] sie nit loßen weinen, wann das pringt in großen

[95v] schaden. Diße siben ding dinen den kindlein vast das sie zu nemen und wachsen. Zu dem ersten so solt du in ein speis geben die in wekwem sey, die es leiht mug verzoren so nympt ein kint vast zu und pleibt in gesuntheit. Geistlichen Xps must du speis geben die im wekwem sey, das ist gotlich vorht, das ist die maur die do get umb den garten. wann an gotlich vorht kanst du kein ander tugentlich werk volpringen. Es stet geschriben tobie ist das wir got werden furhten so

[96r] wirt uns vol guttes noch volgen. Es stet mer geschriben judit ist das ir wert got fuhrten so wert ir zu nemen und wahsen uber alle ding. Es stet geschriben ecclesiasticiÿ an die vorht gottes ist kein heil noch selikeit. Wo nun kein heil und selikeit ist wie solt ein solcher denn waschen. Zu dem andern so gib im die speis noch erdenung ein wenig und aber ein wenig. Also ist im geistlich wilt du das Xps in dir wasch so must du fleis haben das du nit zu vil noch zu wenig tust, und das ist die twr in dem

[96v] garten. Ester alles das das da gehort zu dem dinst gottes das sull wir volpringen mit grossem fleis. Zu dem dritten so sol man den kinden nit wein geben, wesunder so sie nißen die proust der muter, wann wor umb, wein und milch prongt gern ausseczikeit. Also geistlich ~~wir~~ sullen wir ~~sullen~~ dem kind ihs nit wein und milch zusamen geben, wann pey der milch ist uns wedeut die gedult und pey dem wein die ungedult. wir suullen im allein die milch der

[97r] gedult geben. Es nympt das kint Jhs in uns zu, und das ist der stam an dem roßen stok in dem garten. Zu dem virden so sol man

---

[193] The MS has "*man*" *sol*, the marks indicting that the words are transposed.

der kint webegen und mit in tanczen, aber doch sol man schun mit in umb gin, anders man moht in leiht schaden tun. Diß dint den kinden gar wol das sie gar geschikt werden und wehend. Das mag man wol merken an den pauren kinden. Die webegt man nit vil wann man lest eines oft einem ganczen tag ligen. Dar umb sint sie auch gar ungelenk. Geistlichen pey

[97v] dißem webegen sull wir versten das wir sullen sein wehend zu der gehorsam, wann pist du gehorsam so wehst Xps in aber dir. Und diß ist der erst zweig an dem roßen stock. Zu dem funften so sol man die kint etwan an die kelt tragen, ein wenig und aber ein wenig in wescheidenheit. Also geistlich ist das du Xps tregst in die kelt so wirt er in dir waschen und zu nemen, pey den sull wir versten diemutikeit, wann wie man einen diemutigen menschen dut so kumpt er wol auß. wann wer

[98r] sich erholt der wirt genidert, und wer sich nidert der wirt erholt. Und das ist das fundament diß gartens. Zu dem sehsten so sol man dem kinden singen, und wenn si etwas reden kunen so sol man in ystori sagen. Also geistlich sull wir frohlich sein mit Xps und sullen uns freuen in got undern herren. Zu dem sibenden so sol man die kint nit vast loßen weinen, wann das kumpt in zu großen schaden wann in enget die feuhtikeit so kunnen sie denn nit vast waschen. Also

[98v] geistlichen wir sullen eben zu lugen das wir Xps nit trawrig machen, und auch in nit weinet machen. Wir sullen seinen willen volpringen und sullen freuntschaft mit im haben.

Die predig am dem jors tag. [194]

Do jhs geporen ward so was frid in der ganczen werlt. Dor umb so verkunden die engel den frid. Aber iczunt kunn wir prediger nit verkunden solchen frid, wann die werlt ist vol unfrides, und manger hand gepresten. So mohst du sprechen, sol ich denn verzagen. nein der lieb

---

[194] Faintly, in another hand.

[99r] davit spricht, expecta viriliter age, wir sullen noch peiten und hoffen in in und dor umb so sull wir noch nit verzagen. Wann ich wil euch heut noch verkunden große freud¹⁹⁵ den frolichen namen ~~ihs~~ ihu. Als der engel sprach s zu maria sein namen wirst du heißen Jhu. Dißer nam ist im heut gegeben in der weschneidung, als man denn iczunt den kindlein einen wesundern namen gibt in der tawff. von dißer wegen so sull wir heut dißen tag frolichen wegen. zu dem andern mol so sull wir dißen tag

[99v] frolichen zu bringen, wann Jhs hot heut zu dem ersten mol sein rossenwarbes plut vergossen in seiner jungent. hot nun unßer herr Jhs angehaben zu leiden in seiner jungent, vil mer sull wir das tun zu undern tagen sein kumen. Er wolt sich auch¹⁹⁶ loßen beschneiden als die sunder und er het nie kein sund getun, vil mer so sull wir pillich leiden die groß sund getun haben. zu dem dritten mol so sull wir dißen tag frolichen began, wann er ist ein octaff als jhs geporn ward. wann

[100r] wir denn durch das jor vil heiligen octaff begen, vil pillicher so wegen wir diße octaff der gepurt unßers herren. Das ewangeli spricht do volpracht waren die aht tag do ward beschneiden das kint. An dem jungsten tag so werd wir beschninden von allen gepresten und von der untotlicheit. aber wir mussen vor hie wesniden werden von etlichen dingen, und wir mugen diß aht tag geistlich nemen, und also weschniden¹⁹⁷ werden ist das wir frolich weschniden wollen werden an dem jungsten tag

[100v] von allen gepresten. Der erst tag der beschneidung ist das eins merk auf die zeit, wie die so gar kurcz ist, und so pald vergangen ist. Wann sie lauft do hin als das waßer. Es das iczunt hie ist morgen ist es uber zwu meil. Wann diße zeit ist als ein augenplik. Dor umb sol wir gar eben war nemen und gar großen fleiß haben das wir das zeit nuczlich an werden. Wann die verloren zeit machtu nymer mer

---

¹⁹⁵ The words *große freud* added in the margins
¹⁹⁶ *auch* is inserted in the margin
¹⁹⁷ the letters *ch* are inserted above the line

wider pringen. Also das du etwas guttes dor ynnen wurkest, dor umb so sih das du die zeit furpaß

[101r] nuczlich zu pringest. Sant <u>paulus</u> spricht die weil wir zeit haben so sull wir gutte werk wurken. Es stet geschriben alles das das dein hant wurken mag das solt du stetiglichen wurken. Der ander tag ist wir sullen beschniden werden von allen zeitlichen dingen, wann sie vergenklich und hin flußig sind[198] als die zeit. Wedehst du das die zeit als gar kurcz ist, und die zeitlichen ding vergenklich du legest dein lieb und begird auf got der ymmer ewig ist. es wurden dir die zeitlichen ding ein unflat. Der dritt tag ist das wir

[101v] sullen wedenken das groß ubel das dor auff felt so ein mensch seiner lusten gnug ist, und dor umb so spricht sant <u>paulus</u> kastige meinen leib das er kum wider umb und das ich in pring zu den dinst der vernust. Sant <u>paulus</u> spricht auch wir sullen uns nit furhten an zu heben ein gut werck. Der vierd tag der weschneidung ist das wir sullen bedenken wie so vil strik sind in dem der mensch mag gefangen werden. Sant b̶n̶ <u>anthonius</u> sah das die gancz werlt vol strik was, do spracher O herr wer mag dißen striken

[102r] allen engen. Do ward im geantwurd der diemutig. Aber das sich ein mensch diemutig und u̶n̶d̶ vernicht. Do von spricht job ich hen mich geschernt meiner werk. wann nun job sich geschernt het seiner werk, welcher mensch wil sich denn uber heben und gloriren in seinen werken. Der funft tag der weschneidung ist das wir bedenken wie wir als gar zu strewet werden in den gegenwertigen dingen, und do von so spricht sanctus <u>paulus</u> ich unseliger mensch wer ledigt mich von disem totlichen

[102v] leichnam, wann wie wol der mensch oft begerd vil gutz zu volbringen so wirt der mensch oft ab gezogen von den gegenwertigen dingen. Der sechst tag der beschneidung ist das wir bedenken, das umb ein klein erhebung lucifer nider geslagen ist in den grunt der hell, got sicht nit an unßer schon ere und gut, oder kunst sunder das du habst gotlich vorht und diemutikeit, und dich nit auf werffest. Der

---

[198]   ᶳ*ind* added in the margin

sibent tag ist reinung von dem sunden und das du mogst erwerben die

[103r] gnod und die ~~be~~ genod behalten und not verlißen. Der aht tag ist der tag der sußikeit. du machst solche sußikeit erkrigen du nemst kein ding do fur in dißer zeit. Ein lerer spricht wer ein vart hot versucht die gotlichen sußikeit, dem ~~sme~~ schmekt kein ding mer in dißer zeit. Dor nach so wer zu sagen von den anhebenden und zu nemenden, und volkumen menschen wie die beschniden sullen werden. Die anhebenden sullen beschniden werden von sundern, und sie sullen betrahten

[103v] das sie zu dem mynsten von allen totsunden beschniden werden, wann an das so mugen sie nit selig werden. Die zu nemenden sullen betrahten das sie sur sich gen und zu nemen in tugentlichen werken. Die volkumenn sullen sehen das sie sich hutten vor sunderheit und sullen fleißig sein des, das in geschriben stet. Do sullen sie sich an genugen loßen. sie sullen sich hutten, zu dem ersten das sie iht treczig und hoffertig sein, zu dem andern das sie iren eigen

[104r] willen lossen. Von dissen dreierleÿ menschen wer gar vil zu sagen das loss ich vallen von kurcz wegen.

Es ist gewonheit das die prediger heut den menschen geben oder wunschen ein newes jor. Die gewonheit wil ich auch nit prechen. Aber ich hon euch nit groß gob zu geben noch silber noch golt, aber das ich hab das geb ich euch. Do sant peter und sant johannes mit ein ander gingen und predigten, do vordert ein armer mensch ein almußen an sant petter der was ein kruppel.

[104v] Do sprach sant petter ich hon weder silber noch golt. Aber das isch hon das gib ich dir ste auf und pis gesund. Disse wort mag ich auch wol sprechen, wann ich hon weder silber noch golt, aber das ich hon das geb ich euch. Und dor umb so wunsch ich eich allen ein seliges heilige andehtiges glukhass~~iglos~~[199] neues ~~jor~~ guttes jor.

---

[199] This word has been corrected above the line

So mohstu sprechen herer diß ein gemeines neues ior[200] jr must uns etwas sunders geben. So wol an das wil ich tun. Es sint dreierley stat der menschen

[105r] der elich, wittwen, und junckfrauen. Die sint all wegriffen in dem dreien ~~staten~~ graden anheben, zu nemen und volkumen. Wie wol nu geistlicher stat auch beschlossen ist under dißen dreien so woll wir sie doch in besunderheit nemen, und wann man geistlich stat sol in eren haben so will ich an den geistlichen anheben. Xps ist heut in dem tempel getragen werden und beschniden werden, und hot großen smerczen geliten. So sull wir in nun dor noch in dem rossen

[105v] garten tragen, und sullen einen guten muet mit im haben das er etwas ergetzlicheit hab noch der beschneidung und das sich das kindlein Jhs ein wenig erlust. was selczein ist das ist angenen. So ist es iczunt ~~ain~~ dem winter, und sein die roßen ÿczunt selczein. Dor umb so gib ich den geistlichen einen rossen kracz von rotten und weißen rossen, nit von pappel roßen oder von velt rosen, sunder ich geb in der guten diken rosen, die denn

[106r] wahsen in disem garten. Es ist großer underscheid under den rosen. Die felt rosen haben wenig pleter, aber die guten rosen in disem garten haben wil pleter. Zu dem andern mol so sein die velt rosen etwas weiß let und rot durch ein ander, aber diß garten rosen sein ~~feinfein~~ rot. Zu dem dritten die felt roßen richen nit als wol die guten garten roßen, wann die guten rosen geben gar einen guten ruch von in. Zu dem virden so sein die velt rosen nit als gut

[106v] zu erczneÿ, aber die garten rosen die sein gut zu mangerley erczney. Die guten rosen haben vil pleter das bedeut das die geistlichen menschen sullen haben vil tugent, vil guter werk und gut siten. Ein lerer spricht so vil ein mensch in einem hohern stat ist, so vil mer sol er volkumener sein. Zu dem andern mol so sein diß rosen gancz rot und ger schon. Das bedeut das ser geistlichen ~~leben~~ menschen leben sol gancz lauter sein, sie sullen haben gotlich

---

[200] ior added in the margin

[107r] lieb und reinikeit. Zu dem dritten mol so geben diß garten rosen einen guten ruch von in, und sint auch vil pesser denn die velt rosen. Diß bedeut das der geistlichen menschen werk sullen so volkumen sein und mit solchen grossen fleis volpracht werden das neimant do von geergert werd. sie sullen nit hinlesig und unfleißig sein, anders sie geben einen posen ruch von in das die menschen geergert werden. Zu dem virden mol so sein diß garten rosen gut zu erczney

[107v] wann wan prent waßer dor auß. Das nympt zu dem ersten mol hin den wetagen des hawptz. Diß bedeut das die geistlichen sullen gar gehorsam sein iren obersten, so nemen sie hin den smerczen der obersten. Wann die obersten die so hawpter sin der undertan, sie haben grossen schmerczen so in die undertan nit gehorsam sein, auch so nympt gehorsam die do bedeut ist pey disem wasser, die nymt hin den smerczen der gewissen, wann welchen mensch un-

[108r] gehorsam ist, der muß großen scerczen haben in seiner gewißen. Zu dem andern mol so ist das waßer das man prent auß dißen garten rosen, das ist gut fur unordenliche hicz. Geistlich wir[201] sullen ~~wir~~ hin treiben alle unordenliche hicz die uns zu neigt zu den sunden. Sant <u>bernhart</u> spricht so ein geistlicher mensch kestigt seinen leib das ist im ein gewiß zeithen das es hin nymt unordenlich~~eit~~ zu neigung ~~zu~~ der sund. Zu dem dritten mol so der mensch nit

[108v] schloffen mag so sol er diß waßer an den schleff streichen so wirt er schloffen. Gesitlichen so sullen die geistlichen menschen sloffen der werlt. Sie sullen aber gar munter sein gen got in allen tugenden. Do von spricht auch ÿsiderus die gesitlichen sullen tot sein der werlt und sullen got allein leben. Zu dem virden mol wenn mann diß rosen durr macht und ein puluer doe auß macht, und muscht das mit einen weißen eins eis und mit saffran und bestreichet

[109r] das an die augen, das vertreibt den wetagen und macht die augen klar. Geislich pey den weißen der eir ist uns wedeut die reinikeit, pey dem saffran die volkumen andacht. mit den zweien

---

[201] *wir* is inserted above the line

sullen sie kumen zu einen klaren wekennen got und uns selber. Dißen krancz von weißen und rotten rosen gib ich den gesitlichen zu einem newen ior, den sullen sie auf seczen und tragen das wil ich von in haben und sie sullen in frisch und schon behalten. dun sie das nit so gibt ich in piß ior nihtz.

[109v] Zu dem andern so geb ich des junckfrauen auch einen krancz von ploben und weisen lilgen und von lilium confallium. So ges ich aber in den garten und prich zu disem krancz. Geistlich sie sullen an in haben die eigenschaft der lilgen, pey den weisen lilgen ist uns bedeut die reinikeit, pey den ploben lilgen ist uns bedeut diemutikeit die roten streimlein die in den lilgen sind, das bedeut gotlich lieb die sie haben sullen. Die plumlein liligen confalium bedeut das die junk-

[110r] frawen sullen andehtig sein. zu dem ~~andern~~ ersten wenn man die lilien in ein frisch ertrich tut so pleiben sie frisch. Das bedeut das sich die junkfrauen nit sullen wekumern mit werltlichen dingen. Sie sullen nit kleffig sein, sie sullen eingezogen sein und nit umb lawffen anders sie kumen umb ir reinikeit. zu dem anders mol wenn man die lilgen nit zu pricht und gancz behelt so richen sie gar wol, wenn man sie aber zerpricht, so geben sie ein poßen ruch von in.

[110v] Also geistlichen die nit gancz junkfrauen sein von ynnen und aussen die geben nit einen guten ruch von in. ÿsiderus spricht die nit junckfrauen sein noch dem gemut die sein nit wirdig des lons. Zu dem dritten mol so haben die lilgen die eigenschaft als ysiderus spricht, wenn man waßer dor auß prent und bestrich das antlucz do mit der wurd lawter und klar und schon. Geistlichen ist das die junckfrauen halten ir reinikeit so sein sie gar schon und angenen vor got, ist aber das

[111r] sie ir reinikeit verlißen so wurden sie unsauber vor got dem herren. Den junkfrawen gehort auch zu das sie nit zornig werden oder krigen oder noch reden. Sie sullen sich auch uben in wachen und in andacht. zu dem wirden mol so haben die lilgen siben pleter und ynwendig siben stenglein. Das wedeut sie sullen haben gotlich

vorht, rehten fleis, diemutikeit, und rehte gedult. [202] Sie sullen auch haben die drey gotlich tugent, und die vier engel tugent. Zu dem dritten so gib

[111v] ich dem wittwen[203] zu einem newer jor auch ein krinczlein, und ich ges aber in dem garten und prich der plumlein die genant sint ein viol. Das ist zu dem ersten ~~kl~~ kalter natur, zu dem andern so hot es vil feuhtikeit, zu dem dritten gibt es einen gutten ruch oder schmak von im. Zu dem ersten ist diß plumlein kalter natur das bedeut das die wittwen sullen meßid sein, das sie nit enzunt werden in unordenlicher hicz, wann die wittib[204] die do lebt noch den lusten des leibs die ist

[112r] tot. zu dem andern mol so het diß plumlein vil feuhtikeit das bedeut das die wittwen sullen haben vil feuhtikeit der andacht, wann sant <u>augustinus</u> spricht wie wol das ist das ein yeder mensch sol petten so sullen doch die wittwen stetz. [205] Zu dem driten so gibt diß plumlein einen guten ruch von im. Das bedeut das die wittwen in allen iren siten und werken und in dem worten intun und loßen sullen ein gut exempel von in geben, und sullen ander menschen

[112v] auch zihen zu den guten, zu parmherczikeit, zu diemutikeit und zu andern tugenden, und das sullen sie auch frisch behalten.

Czu dem vierden mol so gib ich den eleuten auch ein krenczlein das ist gemacht von rawten die sein alwegen grun. Nun gee ich aber in den garten und prich ein krenczlein. Wann in dem garten vind ~~veind~~ wir vil rawten und salwe, und vil ander guter wurcz. Die rawten haben ~~haben~~ vil eigen-

[113r] schaft an in als ysiderus schreibt, wo rawten waschen do mugen die vergiftigen tier nit wonen, und dor umb wer salwe wolt pflanczen so solt man alweg rawten do pey pflanczen, wann die

---

202 Three words have been erased here
203 *dem wittwen* is inserted above the line
204 The MS has *wittwen*, the correction *ib* made above the line
205 Several words have been erased here

vergiftigen tier wonen gern do salwe ist. So denn die rawten do pey stunden so musten sie flihen oder meiden. Die eleut sullen sehen das sie haben die rawten die von ir es nit prechen, und sullen ein ander lieb haben und sullen große trew zu ein ander haben.

[113v] zu dem andern mol schreibt linius das der saft von den rawten vertreibt die gift, wenn man sie nuhterling tringt, ~~aber die frawen sullen die rawten nit nießen es ist in nit nucz~~. Geistlichen ist das die kint oder ehalten wollen trinken die gift der sunder, so sullen in[206] die eleut geben die pitterheit zu trinken, wann der rawten safft ist pitter. Das bedeut die piterheit der stroff und hertikeit und nit auff horen piß sie von in treiben der gift der sunt. Und das

[144r] sullen sie auch frisch behalten. Den groben totsundern muß ich auch geben ein newes ior. Den gib ich ein krenczlein von nessel und distell das sol sie stachen und prennen, auff das das sie sich auch keren von iren sunden, und wider immer mogen kummen zu gnaden. Amen.[207]

---

[206] *in* is inserted above the line
[207] The final phrase, *und wider immer mogen kummen zu gnaden. Amen,* is added in another, less legible hand